Les devinettes au Rwanda

LANGUES ET CIVILISATIONS A TRADITION ORALE

14

ALAIN BOUCHARLAT

LE COMMENCEMENT DE LA SAGESSE

Les devinettes au Rwanda

ANNE STANFORD

L'IMAGE DU CORPS HUMAIN DANS LA MAISON DU BURUNDI

Publié avec le concours du
CENTRE NATIONAL DE LA RECHERCHE SCIENTIFIQUE

1975

ISBN 2-85297-010-9

RESUMES

Alain BOUCHARLAT - Le commencement de la sagesse (Structure et fonctions des devinettes au Rwanda)
1975, PARIS, SELAF (Tradition Orale, 14)

Très abondantes au Rwanda, les devinettes mettent en jeu pour les enfants et les adultes, les richesses du langage et les subtilités de la vie en société. L'énoncé, audacieux par le style et d'allure souvent poétique, est lancé comme un défi par un joueur. Gagne le premier qui trouve une réponse satisfaisante. La relation qui unit question et réponse correspond à une figure de rhétorique. Celle-ci ne se limite nullement à la métaphore et manie sans peine hyperboles, antiphrases, métonymies, antonomases, etc. Les énoncés amusent ou surprennent car ils renferment des doubles sens. Scrutés en détail, ils dévoilent de vastes pans du vécu intime des rwandais. Certains incitent à enfreindre des interdits - d'autres tournent des valeurs en dérision, s'apparentant par là au langage des devins ou des initiés au culte traditionnel "Kubandwa". Cependant ce jeu fait pour déconcerter repose sur la répression, par l'humour, des pulsions desordonnées de l'individu ou du groupe. Il constitue une initiation à la maîtrise de la parole, un entraînement à résister aux peurs et même à la crainte de la mort. En ce sens, nous avons reconnu le jeu des devinettes comme "un commencement de la sagesse".

Alain BOUCHARLAT - The Beginning of Wisdom (The structure and functions of riddles in Rwanda)
1975, PARIS, SELAF (Tradition Orale, 14)

Riddles for children and adults, which abound in Rwanda, play on the depths of language and the subtleties of life in society. These riddles are posed boldly, and often with a certain poetic tone, as a challenge by the questioner. The first among the other players to find a satisfactory reply is the winner. The connection between question and answer lies in a figure of speech. This figure is not necessarily a metaphor but may also be an instance of hyperbole, antiphrasis, metonymy, antonomasia, etc. Riddles are humorous or surprising because they have a double meaning. When carefully studied, they reveal much about the private experience of the people of Rwanda. Some incite to the violation of prohibitions ; others ridicule cultural values and therein resemble the language of the seers and initiates to the traditional Kubandwa cult. However, these riddles, which are intended to disconcert the hearer, involve the use of humor to repress the disorderly drives of the individual or the group. They provide an initiation to the command of the spoken word, and training in resistance to fear, even to fear of death. It is in this sense that we can recognize in the riddle game "a beginning of wisdom".

Alain BOUCHARLAT - Der Anfang der Weisheit (Struktur und Funktionen der Rätsel im Lande Rwanda)
1975, PARIS, SELAF (Tradition Orale, 14)

Die Rätsel, die sehr zahlreich im Lande Rwanda sind, bieten den Kindern und den Erwachsenen die Schätze der Sprache und die Spitzfindigkeiten des Lebens in der Gesellschaft. Der Text, durch das Stil kühn und oft poetisch, wird als eine Herausforderung von einem Spieler geworfen. Gewinnt der erste, der eine befriedigende Antwort findet. Die Verbindung zwischen Frage und Antwort entspricht einer Darstellung der Redekunst. Diese ist keineswegs an der Redefigur beschränkt und benützt mühelos Hyperbelen, Antisätze, Bedeutungsübertragungen, Antonomasen, usw. Die Angaben belustigen oder überraschen, denn sie enthalten Doppelsinne. Als sie ausführlich studiert werden, enthüllen sie umfassende Stücke des inneren Gelebten der Rwanda-Bewohner. Einige reizen daran, Verbote zu übertreten ; andere ziehen Werte ins Lächerliche und schliessen sich dadurch an die Sprache der Wahrsager oder der Eingeweihten in den traditionellen Kultus "Kubandwa" an. Dieses Spiel doch, dessen Ziel zu verwirren ist, beruht auf der Bestrafung, durch den Humor, der unordentlichen Antriebe vom Individuum oder von der Gruppe. Es bildet eine Einführung in die Behersschung des Redens, eine Übung, um die Fürchte und selbst die Furcht vor dem Tode auszuhalten. Dadurch haben wir das Spiel der Rätsel als ein "Anfang der Weisheit" anerkannt.

Alain BOUCHARLAT - El comienzo de la sabiduría (Estructura y funciones de las adivinanzas en Ruanda)
1975, PARIS, SELAF (Tradition Orale, 14)

Muy abundantes en Ruanda, las adivinanzas ponen en juego para niños y adultos las riquezas del lenguaje y las sutilezas de la vida en sociedad. Su enunciación, de estilo audaz y frecuentemente poético, constituye un reto lanzado por uno de los jugadores. Gana el primero que encuentre una respuesta satisfactoria. La relación que une pregunta y respuesta corresponde a una figura retórica. No se limita ésta a las metáforas ; puede ser fácilmente una hipérbole, una antífrasis, una metonimia, una antonomasia, etc. Las adivinanzas divierten o sorprenden debido a que encierran un doble sentido. Su examen detallado revela amplios panoramas de la vida íntima de los ruandeses. Algunas incitan a infringir determinadas prohibiciones ; otras ridiculizan ciertos valores, coincidiendo en esto con el lenguaje de los adivinos o de los iniciados al culto "Kubandwa" tradicional. Sin embargo, este juego hecho para desconcertar se orienta hacia la represión por el humor de los impulsos desordenados del individuo o del grupo. Constituye una iniciación al dominio de la palabra, una formación para la resistencia a los miedos, incluso al temor de la muerte. En este sentido, hemos reconocido en el juego de adivinanzas un "comienzo de la sabiduría".

Алан БУШАРЛА - **Le commencement de la sagesse (Structure et fonctions des devinettes au Rwanda)**
Начало мудрости. Структура и функции загадки в Руанде
1975, Paris, SELAF (Tradition Orale, 14)

В большом количестве в Руанде загадки ставят в игре для детей и взрослых богатства языка и тонкости общественной жизни. Смелое по стилю и часто поэтичного вида высказывание бросится как вызов. Выиграет тот, который находит удовлетворительный ответ. Отношение между вопросом и ответом соответствует риторической фигуре. Эта фигура не ограничивается метафорой а легко применяет гиперболы, антифразы, метонимии, антономазии и.т.д. Высказывания являются развлекательными и удивительными, потому что они включают в себе двусмысленность. Если их доискиваемся, то они обнаруживают обширные стороны интимной жизни индивида Руанды. Одни толкают на нарушение запрещений, другие воспринимают в шутку некие валеры, роднящиеся этим с языком прорицателей или посвященных к традиционному культу "кубандуа". Однако-же эта игра имеющая целью приводить в замешательство основывается на подавление посредством юмора стремлений инстинкта индивида или группы. Она составляет введение в мастерство речи, подготовку к сопротивляемости страхам, и даже страху смерти. В этом смысле мы считали игру загадок "началом мудрости".

Cet ouvrage a été réalisé avec la
collaboration technique de
Bernadette DESGRANGES, Raymond BOYD
et Françoise LANDEAU

Imprimerie Orientaliste, s.p.r.l., Louvain (Belgique)

SOMMAIRE

L'ÉNIGME ET LE VENT...

Avant-Propos

Il y avait un conseiller du roi appelé Kahanuze, qui demeurait près de son maître. Un jour ce roi va consulter le devin qui lui indique quelles sont les amulettes capables de lui procurer la victoire sur ses ennemis. Il y en a sept, ce sont :

Ibúumbubúumbu (rond de tous les côtés)

Ikíikokíiko (ce qui entoure)

Inkoni itágirá ingiingo (bâton sans noeuds)

Urufú rw'úrugó (la mort du kraal)

Vyinshivy'úbusá (beaucoup en vain)

Umulenga wamaze imaanga (arbuste rouge qui finit le trou)

Umurwa udugá amáazi (montée par laquelle l'eau monte)

Le roi appelle Kahanuze et lui ordonne de rechercher ces sept choses.

- J'irai, répond le conseiller, mais tu m'envoies chercher

Umuzi w'íbuye (la racine d'une pierre)

Il s'en va chez lui. Il a deux femmes ; la première a deux filles, l'autre n'a mis au monde que des garçons. La première enfante enfin un garçon. Le jour de sa naissance, celui-ci boit toute une cruche de bière ; le même jour, il mène déjà paître les vaches. Le soir, il finit le kraal qu'on n'avait pas achevé de construire ; enfin, il lache un pet qui se change en brouillard et sent si mauvais qu'il met en fuite des voleurs venus pendant la nuit suivante.

Le lendemain matin, le père arrive et raconte à ses femmes ce que le roi lui a commandé de faire :

- Le roi me fait chercher ce qu'on ne voit nulle part, dit-il, et il énumère les sept choses impossibles qu'il doit trouver.

- Sauvons-nous chez un autre seigneur, conseille la femme.

- Qu'on amène le grand taureau et qu'on le tue pour faire des provisions de route, dit le père.

- C'est le garçon né hier qui l'a emmené paître, lui dit la femme.

Il se lève alors et part à la recherche du taureau. Son fils lui demande ce qu'il veut faire du taureau.

- Des provisions de route , lui répond-il.

- Mais pourquoi déménager? reprend le fils.

- Parce que le roi me demande des choses impossibles.

- Promets-moi une récompense et je te donnerai tout cela, dit le petit.

- Que veux-tu?

- Une grande cruche dans laquelle on puisse verser vingt cruches ordinaires. Le père promet. L'enfant va chercher une boule de pâte, une serpette, un papyrus, des serviteurs nombreux, une femme très riche mais sans enfants, du feu et un chalumeau. L'enfant boit alors la bière dans sa cruche et donne la lie aux serviteurs, puis il dit à son père :

- Ne vois-tu pas que c'est la mort du kraal, puisque tout est fini?

Il montre la pâte : c'est rond-rond ; la serpette : ce qui entoure ; le papyrus : le bâton sans noeuds ; la femme riche et stérile : c'est beaucoup mais en vain, puisque sa fortune ne lui sert pas à avoir des enfants ; la montée par laquelle l'eau monte, c'est le chalumeau ; l'arbuste rouge, le feu. Ils s'en vont chez le roi et le garçon répète son explication. Le roi est satisfait de la réponse, mais ne donne rien en échange. Le soir, le père et le fils restent chez lui pour y passer la nuit. La garçon lâche de nouveau un vent qui devient un brouillard puant.

- Enlève la puanteur, ordonne le père.

- Que le roi me donne d'abord, répond le garçon. Le roi lui donne alors une vache ; il enlève la puanteur.

Le père prend congé.

- Que le fils reste ici, ordonne le roi. Il sera Kahanuze, du nom de son père[1].

Telles sont les grandes lignes d'un conte du Burundi. Une étonnante histoire, variante originale d'un modèle de conte très répandu en Afrique : "l'enfant plus malin que le chef". Ici, un enfant qui grandit à toute vitesse, prend la place de son père, conseille le roi, et déjoue avec une facilité déconcertante des pièges tendus par le grand devin du roi. Ce conte aurait aussi bien pu être recueilli au Rwanda. Qui ne rêve là aussi de devenir habile comme Kahanuze, d'être un jour au moins aussi puissant que lui par la ruse et l'intrépidité? Il n'hésite jamais une seconde pour parvenir à ses fins : la récompense sublime d'une énorme cruche de bière.

Plus précisément, c'est un portrait de l'umunyábwenge qui est tracé ici.

---

[1] Zuure, 1932, pp. 373-375.

Traduisons un peu familièrement "le petit malin", ou "l'astucieux". Celui qui sait réussir par ruse là où les autres se sont évertués en vain. Il est cher au coeur de tous les Rwandais, et les contes amusants comme les très sérieux récits historiques aboutissent en général à louer le héros pour sa ruse autant que pour son courage ou sa persévérance. C'est Rukwáavu, Maître Lièvre, qui tient dans les contes d'animaux ce rôle enviable.

L'Ubwéenge, c'est l'intelligence, plus précisément cette forme d'intelligence dans laquelle excellent les Rwandais : comprendre à mots couverts, nouer et dénouer des intrigues, percer le mystère des intentions et du comportement d'autrui, la finesse. L'essentiel de cette forme d'intelligence subtile se préserve par un ésotérisme complexe, le goût du secret, et s'exerce en priorité dans un ordre de réalités indéfiniment malléables : celui des relations humaines, celui de la parole. Dans le secret transmis avec mille précautions comme dans la proclamation la plus solennelle de la victoire, c'est cet esprit-là qui est présent. Les paroles fixées par la tradition ne figent en rien cet esprit ; au contraire, elles le remettent sans cesse en mouvement.

L'énigme, Nyabugenge, sera la reine de cette forme d'intelligence incisive. Le conte du petit conseiller, par les paroles du devin qui indique au roi des recettes pour des amulettes, nous met en présence de plusieurs énigmes qu'on retrouve parmi nos devinettes :

Toora agafúuni ntooré akaǎndi tujyé gucukura icyó tutazáabóna
(R) Imizi y'urutáre

Prends une vieille houe, que j'en prenne une autre : allons déterrer ce que nous ne trouvons pas.
(R) Les racines d'une roche.

Fata umuhoro mfaté undí tujyé gutéma ikidáteméka
(R) Umuzi w'urutáre

Prends une serpette, que j'en prenne une autre, allons couper ce qui ne se coupe pas.
(R) La racine d'une roche.

Et l'on rencontre, sous différentes formes plus ou moins proches, la boule de pâte décrite par sa rondeur :

Naaguteera ibúmbabúumba
(R) Umutsíma

Je te défie : la bien roulée.
(R) La boule de pâte. (Le verbe kubumba désigne l'action par laquelle le potier malaxe la glaise avant de modeler ses pots. Aux repas, la pâte de sorgho ou de manioc est présentée sous forme de boulettes).

Le papyrus est décrit par sa rigidité, la serpette par son croissant caractéristique :

> **Naaguteera ikíikakíika**
> (R) **Umuhoro**
>
> Je te défie : ce qui est courbé.
> (R) La serpette.

Le chalumeau pour boire la bière est figuré par sa paradoxale propriété de faire monter l'eau dans un pays où l'on ne la voit jamais que descendre.

Kahanuze le père, donne lui-même une bonne description de ces énigmes qui lui sont posées : "le roi me fait chercher ce qu'on ne voit nulle part"... "Le roi me demande des choses impossibles". La mention de la récompense sur laquelle Kahanuze junior insiste sert souvent de conclusion à des devinettes :

> - - - **wayimenya nkaguhemba**
>
> - - - si tu connais ces choses, je te récompenserai.

Notre petit héros ne se contente pas de la promesse. Il obtient la récompense due à sa ruse par des voies fort irrévérencieuses. Ce comportement désinvolte et nauséabond ne nous écarte pas de notre sujet : il est l'expression traditionnelle du défi guerrier et tourne en dérision les valeurs les plus intangibles de la société : le roi, le père, les conseillers.

Quant à la cruche de bière, elle est, bien sûr, le plus fréquent prétexte à jouer aux devinettes.

Pour notre part, c'est à travers l'interprétation des énigmes et des devinettes que nous croyons pouvoir lever un coin du voile de mystère qui repose sur la notion d'**ubwenge**, la pensée profonde et comme a priori des Rwandais. Rien de plus futile que ce jeu d'enfants, dira-t-on. Mais quoi de plus grave que des énigmes, de plus tragique pour l'esprit qui ne sait pas? Et quoi de plus révélateur... lorsqu'on nous a amicalement communiqué la réponse.

A travers ce langage ambigu, ces mots qui portent en eux leur contraire, et ces détours qui sont des aveux, nous ne sommes pas assurés de pouvoir mettre en formules claires les profondeurs de l'esprit rwandais. Tant s'en faut, et c'est heureux : c'est la preuve qu'il s'enracine dans un milieu vivant. Mais nous pensons pouvoir frayer un chemin vers quelques-uns des foyers conscients ou inconscients de cette sorte d'intelligence. Notre but serait atteint si nous arrivions à baliser, grâce aux réflexions ici rassemblées, un itinéraire pour une approche à la fois cordiale et rigoureuse de la culture rwandaise.

Ce n'est pas par un autre chemin du moins que les Rwandais ont, de longue date, conduit leurs enfants vers ce qu'ils avaient de plus cher et de plus stimulant pour les jeunes intelligences.

INTRODUCTION

La devinette

Un jeu par questions et réponses

La devinette est un jeu très répandu et très inégalement connu. On la trouve en Finlande comme en Afrique australe, en Alaska comme en Perse et en Arabie. Petit jeu d'enfant ou grave thème pour la réflexion, divertissement passager ou message initiatique plus ou moins sacré (chez les Brahmanes par exemple), ce genre littéraire, considéré le plus souvent comme mineur, n'a pas fait l'objet de beaucoup d'études systématiques.

Pourtant les raisons d'y porter intérêt ne manquent pas. La devinette est un mode d'expression "spirituel" et donc significatif des profondeurs de l'esprit humain. La devinette représente un type de langage auquel on a peu prêté attention, en dépit de ses propriétés formelles et logiques qui le placent aux yeux des critiques modernes parmi les "fondements" de l'acte littéraire[2]. Elément typique d'un genre de communication non écrite, elle pourrait bien être aussi un type exemplaire de message à étudier du point de vue des théories de la communication.

Genre essentiellement oral, la devinette perd tout intérêt autre que documentaire, dès l'instant qu'elle est écrite. C'est, chose bien remarquable, un genre dialogué. Très bref, quelques mots, une phrase au maximum. La concision en est une norme, mais avec ce corollaire : chaque item (unité) en appelle un autre.

Une devinette se compose d'une question, ou d'une définition lancée par manière de défi à un interlocuteur. Celui-ci doit donner une réponse. Et on reprend avec une autre question. En général, la forme de la question est une définition pour laquelle il faut découvrir un objet. De qui ou de quoi se dirait cette définition : ...? Devant un groupe de devinettes écrites, on est un peu comme en face d'un dictionnaire qu'on lirait en commençant par la fin. La définition (D) fait trouver le mot (M). Dans un dictionnaire, on a M = D. Dans une devinette, on a D = M, ou mieux, Question = Réponse (Q = R). La devinette est donc généralement constituée d'abord d'une définition sommaire,

---

[2] cf. A. Jolles, *Formes simples*, Paris, 1972, pp. 103-119.

mais amusante, déroutante, inhabituelle, d'une personne, parfois d'une action, souvent d'une chose, qui n'est pas nommée, et qu'on considère au contraire comme à demi cachée par cette description énigmatique. Celui qui entend cette description doit trouver à quoi elle se rapporte. C'est donc que l'égalité Q = R ne s'effectue pas bien.

Quel type de discours autorise à "mettre sur la voie" d'une idée, tout en la cachant? Qu'est-ce qui permet de faire saisir sans faire voir? De voiler en dévoilant?

- Qui a mille pattes et ne sait pas marcher? (R) La brosse.

Lorsque je profère cette devinette enfantine française, je joue avec la ressemblance que je perçois, qui est perceptible par les locuteurs de ma langue maternelle, entre les pattes d'un petit animal, suggérons un mille-pattes, et les poils d'une brosse posée d'une certaine façon. On pourrait concevoir d'autres ressemblances appelant la même représentation. A supposer qu'on entrepose les brosses sur le dos, on pourrait dire : un hérisson qui n'a pas d'yeux ; un porc-épic qui n'a pas de bouche, ou pas d'odeur, etc.

C'est donc la ressemblance (ou l'analogie) qui permet ce jeu subtil de cachette et de découverte partielle. Mais il faut remarquer que l'énoncé de la devinette comporte plus qu'une analogie.

X a mille pattes = analogie

X ne sait pas marcher = restriction.

La restriction (ou l'opposition entre deux énoncés) est un puissant ressort de la devinette en français.

- Plus il y en a, moins ça pèse. (R) Un trou.

Inutile de multiplier les exemples. A partir de ce type de constatation, quel est le schème de base de la devinette ? Certains auteurs ont pensé pouvoir donner une sorte de définition "structurale" de la devinette.

Originalité par rapport à la prose quotidienne

Bascom[3] étudiant une soixantaine de devinettes yoruba, avait en 1949 attiré l'attention sur l'importance des structures de la devinette et orienté la recherche vers la constitution de modèles permettant d'établir des comparaisons entre des types de devinettes. Pour Georges et Dundes[4] toute devinette doit pouvoir être analysée selon le modèle qu'ils ont constitué et que nous résumons ici, en traduisant au plus près leurs expressions. Pour aider

---

3 Bascom, 1949, pp. 4-5

4 Georges & Dundes, 1963.

à la compréhension, nous avons mis en regard de chaque point une devinette anglaise.

DEVINETTE = commentaire (facultatif) + une affirmation clé, qui sera :

- soit "oppositionnelle"
- soit "non-oppositionnelle"

Elle peut être oppositionnelle :

- par antithèse : Un homme qui n'est pas un homme. (R) Un enfant.
- par privation : Il a un nez mais il ne sent pas. (R) Le soufflet.
- par contradiction dans la cause : Une bouteille tête en bas, et le lait ne vient pas. (R) Le pis de la vache.

Elle peut être non-oppositionnelle :

- littéralement : Quelque chose qui est dans l'eau. (R) Un poisson.
- métaphoriquement : De blancs chevaux. (R) Les dents.

Mais GOWLETT[5] étudie plus de trois cents devinettes lozi (Zambèze) et montre qu'un effectif assez important de devinettes échappe à ces schèmes. Cette tentative de systématisation est très intéressante. Nous utiliserons quelques-uns des principes ainsi dégagés. Découvrir une sorte de canon de la devinette, un nombre d'or de l'énigme, serait exaltant. Beaucoup de devinettes se présentent en effet sous des formes pures, au moins en apparence, et correspondent à ces modèles. Pourtant l'étude des devinettes du Rwanda nous montrera que l'essentiel de la devinette n'est peut-être pas dans sa formulation et son schéma structurel. Certaines ne sont guère que des définitions empiriques, sans oppositions ni métaphores, tandis que d'autres devinettes sont si complexes et si riches de paradoxes et de métaphores "à tiroirs", ou "gigognes" que, pour réductibles qu'elles soient à des schémas logiques préétablis, elles sont intéressantes d'abord pour leur complexité.

Pour donner des caractéristiques communes aux devinettes, nous choisissons des traits plus superficiels. D'une façon générale, la devinette se comporte comme si elle s'efforçait de ne pas ressembler à la prose, au langage de tous les jours. Elle s'énonce de façon inhabituelle. En français par exemple, l'asyndète (absence de liaison entre des mots ou des propositions) est bien plus fréquente dans les devinettes que dans le langage usuel. On entendra peut-être un enfant dire : "Qu'est-ce qui ressemble à une échelle le jour et à un ver la nuit? (R) Le lacet de ta chaussure". Mais l'énoncé normal de cette devinette est :

---

[5] GOWLETT, 1966.

Echelle le jour, ver la nuit. (R) Le lacet.

Et lorsque l'on pose cette opération :

Trois reçoivent, dix présentent. (R) Les pierres qui portent la marmite et les dix doigts qui donnent la nourriture,

la force de la question vient de la symétrie de la formule qui l'exprime (un chiffre - un chiffre) et du lien de réciprocité entre les deux actions énoncées (recevoir - présenter) ; elle ne vient pas d'un paradoxe, ou d'une métaphore, les verbes recevoir et présenter étant investis d'un pouvoir imageant bien trop faible. Il ne faut pas oublier que la devinette, expression essentiellement orale, doit frapper, pouvoir être mémorisée dès qu'elle est entendue. En cela, elle n'a pas un statut différent des proverbes, maximes, dictons, etc.

On arrive ainsi à une définition provisoire qui permet de décrire d'une manière pas trop imparfaite ce genre littéraire. Une devinette est un ensemble /QUESTION + REPONSE/ (ou Q + R) tel que la réponse appelée par la question est aussi partiellement cachée par celle-ci, le tout étant formulé d'une manière qui le distingue de la prose quotidienne.

Cette définition peut sembler pauvre. Elle nous a paru en réalité plus utile qu'une définition a priori et universelle, mais rigide, et qui ne rendrait pas compte de la totalité des faits qu'on regroupe sous le nom de devinettes dans l'aire culturelle qu'on se propose d'étudier.

Un jeu à « double entendre »

Envisagée par son contenu, la devinette a retenu l'attention des folkloristes, des psychologues, des critiques littéraires parfois, parce qu'elle nous livre comme les contes, les mythes et les formules magiques ou liturgiques, l' "âme" du peuple qui s'exprime par ce moyen. Dans les énigmes, dans les devinettes des enfants, on retrouve souvent la mention discrète de certaines coutumes anciennes, d'antiques manières de s'exprimer, etc. Des rapprochements peuvent être faits entre le message d'une devinette et d'autres messages dans la même société : des blasons, des devises inscrites sur des cadrans solaires, des oeuvres d'art contenant un message particulier plus ou moins caché. En français par exemple un grand nombre de devinettes reçoit pour réponse : le trépied. C'est l'ustensile métallique qui, dans les chaumières, supportait la marmite dans la cheminée de la cuisine. Il va sans dire que le

---

[6] Cf. G. Milner, 1969 : De l'armature des locutions proverbiales, Essai de taxonomie sémantique, in *L'Homme*, IX, 3. p. 49

folkloriste sera intéressé par tout ce qui pourra lui fournir des indications sur ce que représente le trépied. Le siège du Diable? Dans la tradition grecque, la pythie était représentée assise sur un trépied. Ce peut être un blasphème caché contre la Trinité de la religion chrétienne : chiffre trois au feu ; par là une protestation de paganisme. Ce peut être un symbole sexuel mâle : trois est un chiffre masculin ; cet objet lié au feu, masculin, rencontre la marmite, symbole féminin. Ces indications, chaque fois à vérifier soigneusement en fonction du contexte socio-culturel, ne s'excluent pas entre elles. Compilées elles finissent par permettre de dresser un tableau des valeurs de l'objet devenu symbole.

Ce type d'étude qui a pu aboutir parfois, grâce à de patientes et minutieuses comparaisons, a été vivement stimulé par la découverte du dynamisme de l'inconscient à la fin du dix-neuvième siècle.

FREUD fait remarquer que les rêves, les mythes, les contes ainsi que les mots d'esprit présentent des lois d'élaboration semblables. Comment? Il distingue dans les énoncés un contenu manifeste et un contenu latent. Alors que le contenu manifeste est la proposition (récit de rêve, mot d'esprit, conte, etc.) telle qu'on peut l'entendre immédiatement, le contenu latent n'est pas donné par l'énoncé. Il reste habituellement inconscient, mais il peut être reconnu au plaisir qu'il donne, ou même connu après un effort d'interprétation[7]. Dans son essai sur le Mot d'Esprit (*Der Witz*) FREUD n'hésite pas à esquisser un parallèle entre le rôle de l'inconscient dans le rêve et le rôle du même inconscient dans ce qu'on appelle en français l'"esprit" (*Witz* en allemand, *wit* en anglais). Du point de vue limité de la devinette, ce parallèle nous semble d'autant plus probant que ce genre s'adresse le plus souvent à l'enfant et que "l'infantile est la source de l'inconscient"[8].

On va donc pouvoir, dès l'instant qu'on admet ces hypothèses, tenir les contes, les fables, légendes, devinettes, etc. pour une expression des pulsions inconscientes de l'homme, de ses désirs, de ses curiosités d'enfant, que la vie en société ne lui aura pas permis d'exprimer. Tout comme dans les

---

[7] FREUD : *Traumdeutung*. Résumé de ce point au chapitre 5 de *Der Witz*...

[8] FREUD (*Der Witz*, chapitre 5), dit : "l'infantile est, on le sait, la source de l'inconscient, les processus cogitatifs inconscients sont ceux-là mêmes qui dans la première enfance se manifestent, à l'exclusion de tout autre. La pensée qui, pour créer l'esprit (*Witz*), plonge dans l'inconscient ne le fait que pour retrouver la retraite de ses jeux d'antan avec les mots. Le penser revient pour un moment au stade infantile afin de goûter à nouveau à la source infantile de son plaisir."

rêves, ces expressions seront voilées, condensées, soumises parfois à des modifications telles que des déplacements de certaines unités du récit ou de la scène, au moment où elles sont rassemblées pour être communiquées.

Freud a illustré le plus souvent le dynamisme de l'inconscient par la pulsion sexuelle. Ernst Jung a tenu à ne pas limiter les expressions de l'inconscient à l'objet sexuel, et a cherché à étendre l'analyse à la littérature et aux mythes d'une manière systématique. Il a forgé la notion d'archétype de l'inconscient, pour rendre compte des grands réseaux symboliques que l'on retrouve selon lui dans toutes les formes d'expression de la vie : la terre-mère, la réciprocité du masculin et du féminin, non limitée au domaine génital, etc. On verra sur des exemples du Rwanda qu'il s'agit en fait de catégories trop statiques. La devinette ne permet guère de classer une expérience dans une catégorie, fût-elle un archétype. Elle a plutôt pour fonction d'articuler dans un dialogue au retentissement dramatique certaines contradictions ressenties comme fondamentales par l'esprit qui les énonce de cette manière.

Quoi qu'il en soit, il est certain qu'aujourd'hui, en replaçant une devinette dans le contexte social, littéraire, religieux, etc. où elle a été proférée, on a de grandes chances de saisir, comme par surcroît, un sens différent de celui qui est donné d'emblée par l'énoncé. Dans sa société, chacun peut reconnaître qu'il sait le sens caché de certaines énigmes. En France par exemple, des devinettes d'allure innocente ont un sens sexuel argotique ou symbolique que les adultes déchiffrent facilement. Lorsqu'on dit :

J'ai tiré ma petite affaire de mes braies,
je la fourre dans un trou poilu,
puis je la retire le bout tout mouillé. (R) La pipe,

on évoque en passant, pour quiconque n'est pas à l'"âge de latence", les rapports sexuels, un certain nombre d'accessoires de la mise en scène étant les mêmes dans l'utilisation d'une pipe que lors des relations sexuelles. De même lorsqu'on dit :

Poil dehors, poil dedans,
Lève la jambe, fourre-la dedans. (R) Le bas de laine.

Ces devinettes sont d'autant plus savoureuses que le terme fourrer s'employait autrefois métaphoriquement dans un sens grivois. Ces exemples simples comportent donc malgré tout un sous-entendu. En anglais, on parle de "double-entendre".

L'ethnologie va, bien sûr, profiter de ces approches et s'appuyer sur la richesse de l'intuition de Freud pour interpréter globalement les énigmes, tâcher de dévoiler leur sens latent, leur symbolique, et tenter de saisir entre les énigmes un rapport de cohérence qui échappe d'habitude aux usagers.

La pointe de l'énigme

Des chercheurs comme A. TAYLOR, GEORGES & DUNDES, etc. se concentrent sur la question, et tâchent d'en dégager la structure. Nous préférons, suivant en cela le conseil de E. KÖNGÄS MARANDA[9], nous attacher à l'ensemble / QUESTION + REPONSE /. On peut avoir l'impression que la réponse abolit la question, la rend vaine et dépassée. En réalité, il faut apprendre à voir comment elle l'achève, l'accomplit, et souvent renforce sa portée interrogative, en arrêtant le déploiement du sens manifeste pour renvoyer au sens latent. Il faut saisir que la réponse est solidaire de la question si nous voulons pouvoir passer au stade de l'interprétation.

Il ne faut pas négliger la réponse dans les devinettes pour d'autres raisons encore :

- Bien des devinettes présentent des réponses susceptibles d'être interprétées en plusieurs sens.

- Parfois elles peuvent présenter des assonances semblables à celles de la question.

- Quant aux variantes de la réponse, elles constituent de précieuses indications pour mieux cerner la question.

- Enfin, on trouve des groupes de devinettes tels que la réponse de l'une y est la question d'une autre.

Si l'on accorde quelque crédit aux hypothèses déja énoncées, on peut constater que la mise en rapport de la question et de la réponse obéit à des règles. Ces règles appartiennent à la fois à l'expression d'une pulsion de l'inconscient, par exemple la loi énoncée par FREUD de la condensation, et à l'expression orale d'un sens, comme l'asyndète signalée plus haut. On peut se demander si ces règles ne sont pas les mêmes, s'il n'existe pas une sorte de symétrie ou de réciprocité entre celles qui régissent les significations cachées et celles du discours.

Pourquoi en effet, y a-t-il nécessairement un temps d'arrêt entre la question et la réponse? Pourquoi faut-il admettre comme le dit joliment le français "que se montre le bout de l'oreille"? Et d'où vient le plaisir qui jaillit au moment de l'établissement du rapport entre la réponse et la question?

---

[9] E. KÖNGÄS MARANDA, 1969.

Ce n'est pas du double sens seul, qui n'affleure que rarement à la conscience claire. Ce n'est pas du discours seul, toutes les devinettes n'ayant pas la même "tenue" littéraire.

Mais c'est seulement lorsqu'on a découvert cette pointe de la devinette que ses composants du niveau littéral et du niveau latent pourront être articulés entre eux, et mis à leur juste place en vue d'une meilleure compréhension.

Telle est donc notre hypothèse. La devinette est un langage surdéterminé. Dans la devinette, tout se passe comme si, pour donner à entendre un faisceau de messages, on avait cherché à formuler le message qui pouvait les porter tous avec une économie maximum de signes. Interpréter la devinette revient alors à essayer de démasquer des messages cachés dans un message bref appelé devinette. C'est une action différente de la réflexion qui nous amènerait à trouver la (ou les) réponse(s) à la question posée. Ici, la réponse fait partie du matériel à déchiffrer. Il va sans dire que dans cette démarche d'interprétation, on aurait tort de se priver de comparer les énoncés entre eux. C'est plutôt en lisant nos fiches par paquets semblables qu'en essayant de les lire en transparence que nous pourrons y découvrir des messages que nous n'y avons pas vu d'abord.

Allons plus loin. Si du point de vue formel, l'unité qu'on doit étudier n'est pas seulement la question, mais / question + réponse /, du point de vue de l'interprétation, il faut prendre un tout plus important. Une devinette est un fragment dans un ensemble, une mesure dans un choral, si l'on peut dire. On pose des devinettes selon une direction linéaire, la succession des instants du temps pendant le jeu. Le rapport question + réponse se trouve tout au long d'une chaîne :

/ question + réponse / + / question + réponse / + / question...

Ce n'est que par l'artifice des catalogues de devinettes qu'on a figé ce genre en fragments et qu'on les classe par ordre alphabétique. Il faudrait pouvoir prendre les items en pelotons, en écheveaux, l'un en suggérant un autre, toujours plus ou moins solidaire du voisin, pour trouver à leur source les associations significatives. Il faudrait travailler sur bandes magnétiques plûtot que sur catalogue. C'est hélas extrêmement difficile : on aurait besoin d'innnombrables enregistrements pour noter les ressemblances entre les séries de devinettes habituellement solidaires. Il n'est pas dit que certaines associations importantes ne restent pas latentes indéfiniment.

Valeur littéraire et fonction des devinettes

Les devinettes peuvent être dites dans des circonstances et des buts très divers. Le plaisir de jeu qu'elles procurent à de petits enfants n'est pas du même ordre que la satisfaction qu'elles donnent à celui qui en connaît une signification cachée. Ici telle devinette sera dite pour passer le temps ; là c'est un jeune homme qui s'en servira pour courtiser une jeune fille à laquelle il ne peut exprimer ses sentiments d'une autre manière. Cette diversité ne facilite pas la tâche de celui qui veut définir une fonction à la devinette, car toute devinette est dite dans un contexte particulier qui entre pour beaucoup dans les surdéterminations du propos tenu. Il n'est guère concevable cependant que ces messages n'aient aucune raison d'être dans la vie d'une société sans écriture.

Dans d'assez nombreuses sociétés, les devinettes jouent un rôle didactique ou pédagogique important. En Finlande, des devinettes dites "du moine" sont des formules savantes pour lesquelles il faut connaître des aspects du mystère chrétien. Dans les peuples bantous d'Afrique australe, certaines devinettes ressemblent aux énigmes sacrées par lesquelles sont initiés les adolescents pendant leur retraite de circoncision et ont pour but plus ou moins avoué de les y préparer durant leur enfance. Ailleurs ce langage, particulier par ses circonstances (posture adoptée pour l'énoncer, interdit à certains groupes, en certaines activités, ou encore le jour, ou pendant l'hiver, etc.), particulier par son contenu, servira dans un cadre précis. Par exemple dans le cadre d'une cérémonie de réconciliation entre individus[10] ou bien dans un but magique : faire pleuvoir, faire pousser les moissons, etc.[11]

Lorsque la devinette n'est qu'un divertissement enfantin, qui échappe pour l'essentiel au contrôle de la société, on n'a généralement pas affaire à une situation originelle. La devinette a peu ou prou oublié ses origines. Ainsi la devinette des enfants français :

> Qu'est-ce qui a quatre pattes le matin, deux à midi, trois le soir ?
> (R) L'homme : bébé, il va à quatre pattes ; il est debout à sa maturité, et il s'aide d'une canne quand il est vieux,

n'est rien moins que la célèbre énigme de la Sphinx, devant laquelle Oedipe met en jeu sa vie et se mérite un destin d'homme. Chez les Hébreux ou chez les Grecs, les énigmes pouvaient avoir l'ampleur d'un défi radical : "trouve

---

10 Cf. BLACKING 1961, p.5 et WILLIAMS, 1963, p.95.

11 Cf. par exemple FRAZER, *The Golden Bough* III, 154 (Les Ba Thonga)

ou meurs!".

Dans de nombreuses sociétés, on fait une distinction nette entre les énigmes et les devinettes. Les premières sont graves, entourées de respect, considérées comme très anciennes, et engagent des idées essentielles à la société. Ainsi, dans le Zen, les *mondo*, où questions et réponses visent à induire le silence mental. Les secondes sont plus légères et peuvent être apparentées à d'autres divertissements oraux : combles, contrepétries, calembours, etc. On trouve aussi des sociétés où l'énigme est tombée en désuétude et a été remplacée par une autre manière de s'exprimer. Epigrammes, charades, rébus ont par exemple pris la place. Voici quelques vers du maître anglais du *conceit*, on pourrait dire de la condensation spirituelle : John DONNE (1573-1631) :

La Puce

Observe un peu cette puce et vois donc
combien vaut peu ce que tu me refuses.
M'ayant piqué d'abord, elle te pique ensuite,
en cette puce se mêlent nos deux sangs.
Nul ne s'aviserait pour autant de parler
de honte, de péché, ou de dépucelage.
Cette puce c'est toi, et c'est moi, c'est en somme
notre lit nuptial et le temple d'Hymen ;
malgré toi-même et tes parents, nous voilà joints
et cloîtrés en ces murs qui sont du jais vivant[12].

On reconnaît aisément les métaphores, les hyperboles et les "double entendre" de beaucoup de devinettes. La mise en forme est ici personnelle et liée à certaines conventions de l'écriture poétique, à des déterminations sociologiques : les salons anglais du début du dix-septième siècle. On peut présumer aussi que le piquant de certaines devinettes populaires s'est quintessencé en passant à l'expression musicale. Voici quelques titres de petites pièces pour clavecin écrites par COUPERIN (1668-1733) : *La Mimi*, *L'Enjouée*, *Le Bavolet flottant*, *La Linotte effarouchée*, *Tic Toc Choc*, *La Dame et le Moucheron*, etc. Ils ne manquent pas de ressemblance avec des items de devinettes, et nous croyons que cela n'est pas fortuit.

De toutes les façons, la devinette a une portée instructive : elle éveille l'esprit d'observation, elle initie à la connaissance des réalités de la société où elle est en honneur. Elle éveille l'esprit à des opérations logiques qui ne seraient guère accessibles autrement. Les devinettes véhiculent à leur manière, qui peut être grave et dépourvue d'amusement frivole, sinon

---

12 Traduction L. P. GROS.

de satisfaction, une sagesse[13]. Mais il faut se garder d'étendre les fonctions reconnues dans une ou plusieurs sociétés à d'autres sociétés. L'étude que nous entreprenons sur les devinettes du Rwanda doit nous permettre de définir ces fonctions et de découvrir comment la mise en circuit de ces thèmes permet de renforcer ou de critiquer l'organisation sociale.

En somme la devinette nous apparaît comme un propos à plusieurs niveaux. Pour apprendre à l'entendre d'une manière ordonnée, nous proposons la grille suivante, qui inspire le plan de l'exposé tout entier .

1) Au niveau du message :
il faut le lire d'abord en grammairien. La syntaxe des devinettes, le rapport des signes qui la composent, ne va pas de soi. Au contraire, si ce langage est surdéterminé, sa forme ne manquera pas de s'en ressentir. Il faut s'interroger aussi sur sa construction : comment la réponse vient-elle s'imbriquer sur la question? Est en discusssion alors la structure de la devinette.

2) Au niveau du sens du message :
il faut déchiffrer le sens de chacun des éléments du message. Cela n'est possible qu'en référence à un contexte assez vaste, dans lequel on pourrait replacer ces éléments ou les réemployer. Si on opère sur un ensemble de devinettes, on a déjà la possibilité de tenir l'ensemble pour un contexte, et de regrouper les termes ayant même sens, autrement dit, retrouver les associations. Il faut rechercher le sens latent des énoncés. Cela nous amène à repérer la valeur symbolique des éléments du message, et à tenter de les situer dans la symbolique de la culture qu'on étudie, dont on connaît les orientations par ailleurs, et qu'on parvient à préciser en fréquentant les devinettes.

3) Ces éléments symboliques peuvent être à leur tour relus, regroupés et interprétés. On peut tenter de dégager quelques messages fondamentaux de l'ensemble de ces messages.

Le terrain se trouverait alors préparé pour la question des fonctions des devinettes dans la société.

---

13 Pour HAMNETT (1967), la devinette est ce qui permet d'établir une médiation entre des contraires ou au moins de faire coexister des schèmes de pensée contradictoires. Elle serait en somme dans la société le complément indispensable des paradoxes. Elle "endigue les conflits en de pacifiques canaux, enseigne les règles de conduite en société, interprète et explique des phénomènes naturels, peut permettre la discussion d'un affrontement imminent", etc.

NOTE SOMMAIRE DE PRÉSENTATION DU RWANDA

Quelques mots pour présenter le contexte social et humain des devinettes que nous nous proposons d'analyser. Nous nous bornons à esquisser ici les traits indispensables à l'intelligence de ce qu'on va présenter, pour le lecteur qui ne serait pas familiarisé avec cette culture.

I. Le Rwanda, peu éloigné de l'équateur, sur une superficie de 27000 km^2, est un pays de collines élevées (altitude moyenne : 1500 m), au climat presque tempéré. Il est couvert, selon les zones de pluie et d'altitude, de forêts et de savanes plus ou moins sèches. Entre les collines aux pentes raides et ravinées, d'étroits marais recueillent les eaux de ruissellement. D'innombrables lacs de montagne et des rivières au cours accidenté, sujettes à des crues rapides, agrémentent ces beaux paysages. Le nord-ouest plus élevé est occupé par d'imposants volcans. La fertilité des terres volcaniques fait un peu oublier leur massivité menaçante. L'est au contraire est constitué par un plateau moins élevé, zone d'herbage plus que de culture. En parcourant cette zone du Bugesera et du Gisaka vers le sud, on pénètre sans peine au Burundi. La façade occidentale du pays est constituée par la crête Congo-Nil (2000 m. et plus) dominant le lac Kivu et ses nombreuses îles.

II. En raison des barrières naturelles : lac Kivu, volcans, le pays a constitué une sorte d'isolat. Habité d'abord par les Twa pygmoïdes, chasseurs et potiers, puis des agriculteurs bantous, les Hutu, le pays était déjà occupé au XVème siècle par des pasteurs semi-nomades, venus du nord : les Tutsi. De nombreuses discusssions n'ont pas réussi à élucider totalement la question de leur origine : Ethiopie, Soudan méridional? Une chose est certaine : ils dédaignent l'agriculture, et ont des moeurs guerrières. En se fixant peu à peu au Rwanda, ils adoptèrent la langue bantoue, qui est, à quelques détails près, la même sur toute l'aire Rwanda - Burundi - Buha (nord-ouest de la Tanzanie), et certaines institutions locales comme le tambour emblème de la monarchie. En tous cas, malgré leur nombre peu élevé, ils prirent la direction des affaires politiques. Les siècles écoulés dont l'histoire nous est connue par la tradition orale ont été consacrés par les Tutsi à étendre, avec des résultats variables, l'influence de la monarchie centralisatrice depuis la région des rives du lac Mohazi jusqu'aux actuelles frontières du Rwanda et même un peu au-delà.

Lorsqu'on parlera du Rwanda traditionnel ou ancien, comme le font la plupart des auteurs, cela ne signifiera pas que nous figeons sa culture en un tout immuable. On désignera ainsi, faute de mieux, les institutions rwanda telles qu'elles apparaissent à la suite de modifications progressives intervenues dans la seconde moitié du XIXème siècle.

Ainsi le Rwanda constitue une nation, une par la langue, par l'histoire - quoique ce point mérite examen[14] - et par une culture qui ne connaît que de faibles variations d'un bout à l'autre du pays.

III. L'unité de vie, le cosmos quotidien, n'est pas ici le village comme bien souvent sur le continent africain, c'est la colline. A l'exception de zones

---

[14] Cf. VANSINA, 1962 et LEMARCHAND, 1966.

peu hospitalières : forêt de Cyangugu, parc de la Kagera, plateau du Bugesera où la glossine sévit encore, la population est très dense : de 100 à 300 habitants au km^2. Mais l'habitat n'est pas groupé. Chaque famille a son enclos (**rugo**) circulaire, avec sa ou ses huttes, rondes autrefois, rectangulaires maintenant, ses champs et sa bananeraie. Les cultivateurs exploitent les marais qu'ils drainent pour les légumes et les pentes bien exposées des collines pour les céréales. Le reste du pays qui n'est pas boisé constitue un pâturage, d'ailleurs assez maigre. Le sommet de nombreuses collines était autrefois occupé par la résidence d'un chef. La place a été prise de nos jours par les bâtiments des missions et parfois des locaux administratifs. Depuis la première guerre mondiale un réseau routier sillone le pays, et quelques "postes" avec écoles, dispensaires, administrations et commerces sont installés. Il n'y a pas encore de villes importantes.

La récession des habitudes ancestrales aura cependant été rapide, car le christianisme, surtout sous sa forme catholique, s'y est répandu rapidement. Le roi fut baptisé en 1935. De nouvelles coutumes, un nouveau langage de célébration, de nouvelles contraintes se sont substitués aux anciennes formes de rassemblement des collectivités rwandaises. Pour la même raison, la lutte pour l'indépendance (1957-1961) et pour l'avènement de la République (1960) n'a pas été l'occasion d'élaborer une nouvelle expression collective. A plusieurs signes cependant on peut augurer d'un avenir plus favorable : un intéressant théâtre en kinyarwanda voit le jour, des nouvelles sont composées par des étudiants, et l'Etat s'efforce de stimuler la vie culturelle.

IV. On ne trahit pas trop la tonalité générale de la mentalité traditionnelle en la caractérisant sommairement par les traits qui suivent :

- l'amour de la vie et de la solidarité humaine s'illustre par la recherche d'un équilibre familial basé sur un grand nombre d'enfants. La stérilite, la mort doivent être conjurées au mieux. De même tout ce qui introduit des divisions dans le groupe familial doit être écarté.

- pour cette raison, de nombreux comportements étaient frappés d'interdits, et l'on avait recours au devin pour se défendre des attaques des esprits des morts, ou tenter de découvrir des causes au trouble ressenti. Le plus souvent le devin invite à rendre un culte à l'esprit d'un défunt. Un culte initiatique sur lequel nous reviendrons, le **Kubandwa**, préserve d'une manière particulière des interventions néfastes de l'au-delà et annonce un salut après la mort.

- tout Rwandais est très attaché au patrimoine "mystique" de sa nation, autant qu'à ses proches : le sacré, ou le divin, **Imana** qu'on honore au Rwanda, le roi, son représentant terrestre, les vaches qui représentent la fécondité dans le pays, et pour englober le reste d'un mot : le bon ordre qui découle de ces grands principes.

V. Les anciennes institutions sociales du Rwanda ne peuvent être évoquées en quelques lignes. Une réévaluation "post-coloniale" de ces institutions est en cours ; toutefois pour notre propos il nous suffira de ne pas ignorer ce qu'on admet généralement :

- le maître absolu du pays est le roi. Tout lui appartient ; il a lui-même un statut spécial parmi les êtres vivants : intronisation, enterrement, partage des prérogatives avec la reine-mère, tout témoigne de sa valeur magique particulière. Dans ses fonctions politico-sacrées, il dépend d'un collège de conseillers (**abiiru**) dépositaires d'un savoir ésotérique. Les règnes de quatre rois successifs déterminent un siècle ou un cycle de l'histoire du

Rwanda. A un roi pasteur (Cyíirima ou Mutára) succèdent deux rois guerriers (Kigeri et Mibáambwe). Le cycle doit s'achever par le retour de la paix et la clôture d'un cycle du culte des morts, sous le règne d'un Yuhi.

- les sujets du roi ne sont pas égaux. Les Tutsi, inégaux entre eux et liés par des contrats de clientèle dominent généralement les agriculteurs Hutu. En échange de la protection qu'ils assurent et d'une vache qu'ils leur confient, les Tutsi peuvent exiger de leurs clients de nombreux services matériels. On voit généralement dans cette institution, ubuhaké, le fondement comme dit J. Maquet, de la "société inégalitaire" du Rwanda. Les Twa, très peu nombreux, n'ont pas un statut vraiment humain ; sauf à la cour, ils sont tenus à l'écart.

- dans la famille, l'autorité paternelle s'impose sans conteste. La structure de la parenté est patrilinéaire. Le mariage est l'introduction d'une fille dans la famille du mari, sa séparation d'avec sa famille, qui devient officielle lorsque l'offrande matrimoniale, constituée le plus souvent par une vache, a été remise par le prétendant aux parents de la jeune fille.

- des clans comprenant, nominalement au moins, les trois castes du pays existent encore aujourd'hui. Des interdictions d'alliance demeurent entre certains clans ; elles étaient importantes surtout pour les familles proches du pouvoir.

VI. A plusieurs reprises déjà, on a dû signaler que la vache tient un rôle important : sceau du mariage, du contrat d'ubuhaké, elle est le signe de la fécondité. Cette sorte d'a priori pastoral de la société rwanda n'est pas l'apanage des pasteurs Tutsi. Elle est le fait de tous et le langage l'atteste, qui tire la majeure partie de ses comparaisons, désigne les couleurs, marque les heures du jour, etc. par des caractères ou des traits de la vie des vaches. Le Rwandais distingue plusieurs espèces de noblesse différente : inyambo, aux longues cornes en forme de lyre sont les plus appréciées. Il fait des distinctions qui échappent au profane entre les génisses, les vaches primipares, les vaches à deux veaux, à sept veaux, etc. Comme on le verra en détail, le lait, le beurre, les pots qui les contiennent, les cornes, bref, tout ce qui appartient à l'univers de la vache est investi d'une valeur symbolique très considérable, même en dehors de la divination par le taureau.

VII. La littérature orale, activité très appréciée au Rwanda, est tributaire de ce symbolisme. La poésie pastorale, les hauts faits des armées bovines, sont les genres les plus prisés. La poésie de cour, les éloges guerriers font état des razzias de vaches aux dépens des ennemis du pays. Les contes, les mythes, les récits historiques lui accordent une place prépondérante. On verra que la devinette n'échappe pas à la règle. Mais si l'on dispose de nombreux documents descriptifs de la culture rwandaise, et si la littérature orale est publiée avec grand soin par des chercheurs infatigables, on n'a jusqu'à ce jour que fort peu d'études interprétatives de ce symbole. Le problème est compliqué du fait que le génie rwandais est volontiers ésotérique ou énigmatique. C'est à nous affronter à cette difficulté que nous voulons en venir, en tentant une lecture en profondeur de quelques devinettes du Rwanda.

I. LA DEVINETTE AU RWANDA

RICHESSE ET LIMITE DE NOS DOCUMENTS

L'étude systématique que nous entreprenons porte sur environ 2000 devinettes collectées au Rwanda sous la direction de G.M. Dion, entre 1965 et 1970. Ce n'est là qu'une partie d'un répertoire certainement plus vaste. Une anthologie de ces devinettes a été publiée sous le titre *Devinettes du Rwanda - Ibisakuzo*, à Butare en 1971. Comme G.M. Dion, nous nous sommes souvent reporté au catalogue de 1000 devinettes de A. Bigirumwami : *Proverbes Dictons Devinettes*, paru à Nyundo en 1967. C'est un précieux document pour les Rwandais. Il faut savoir gré à A. Bigirumwami et à G.M. Dion d'avoir rassemblé patiemment une somme d'informations aussi exceptionnelle par son ampleur et sa solidité, sur une tradition orale en Afrique. Ce n'est qu'à partir du moment où l'on est en présence d'un nombre important de devinettes qu'il est possible d'établir des distinctions significatives entre les groupes d'items et de dégager quelques messages généraux qu'ils véhiculent. Du moins peut-on ainsi échapper aux limites étroites des seuls rapprochements par l'objet décrit.

Nous avons complété notre information à l'aide du recueil de F. Rodegem : *Le rire et l'humour au Burundi*, paru à Ngozi en 1962. L'auteur mentionne près de 600 devinettes rundi. On y trouve le même soubassement culturel et les mêmes ressorts expressifs qu'au Rwanda, ce qui permet l'extension de certaines hypothèses plutôt qu'une contre-épreuve par comparaison avec un milieu différent.

Jusqu'à présent on a considéré les devinettes du Rwanda comme un parent un peu pauvre de la maxime ou du conte moral (**imiganí migufí ; imiganí mireemire**). Les catalogues les joignent de préférence aux proverbes. Tel est le cas notamment du recueil de Bigirumwami. Celui de Dion porte plus d'une trace de cette conception. La devinette est envisagée comme une formule pittoresque, intéressante, susceptible de nous faire participer un peu à une tournure d'esprit ; elle nous renseigne sur une mentalité, et nous livre une façon de voir le monde. Cette perspective présente l'avantage de bien mettre en valeur l'aspect littéraire de la devinette. Les anthologies permettent de s'attarder à loisir sur la valeur esthétique, poétique des devinettes, et des aspects linguistiques. Mais on est loin de ce que devrait être une recherche d'ethnologie sur les devinettes.

On peut remarquer au moins :

I. A. KAGAME souligne que les missionnaires qui ont noté les proverbes ont voulu transposer la signification réelle, le sens d'application de chaque sentance. "La vérité, dit-il, est que les mots sont un symbole et que leur signification réelle n'y est pas toujours renfermée"[15]. Ce jugement vaut également pour les devinettes. Il n'est possible de les traduire qu'à condition de laisser dans l'ombre toute la connotation des termes. Si un reproche amical peut être adressé à G.M. DION, c'est d'avoir essayé de donner une cohérence littérale aux devinettes qu'il a traduites en ajoutant : tel mot suggère telle réalité, appelée par le contexte littéral de la devinette.

II. Il n'y a aucune raison de rapprocher a priori devinettes et proverbes ; même si le proverbe a souvent une double signification, comme la devinette, il convient plutôt de les distinguer. Avec la devinette, on est dans l'ordre du rire, de la facétie, parfois de la grivoiserie. C'est le règne du clin d'oeil, du jeu. Le proverbe est un genre sapientiel, engageant le sérieux de celui qui l'énonce, et représente le terme d'une démarche affirmative de l'esprit. Son déchiffrement symbolique fait en général appel à des principes de la société instituée plutôt qu'à des pulsions ou à la remise en cause par le rire de ces principes. Dans les contes enfin, un proverbe est cité au début ou à la fin ; le conte explique le proverbe, ou le justifie. La devinette intervient au cours du récit, par exemple comme une épreuve que doit surmonter le héros. Cette différence de fonction et de position dans le conte, de la devinette et du proverbe, illustre bien l'opposition de leurs rôles et de leurs significations, et cela, au sein de la société.

III. Une enquête sur les devinettes menée dans l'esprit, très respectable au demeurant, de protéger un patrimoine culturel entamé par de nouvelles formes de communication, risque de laisser dans l'ombre les devinettes que les informateurs jugent peu intéressantes ou trop particulières. Pourtant la présence parmi les devinettes de véritables schibboleths suggère que la devinette a pu avoir un rôle ésotérique, un peu comme un argot, séparant ceux qui savent - et savent prononcer - de ceux qui ne savent pas. Toutes les devinettes

---

[15] A. KAGAME, 1956, p. 16.

"privées" qui existent peut-être, ne serait-ce que chez les Twa, ou, il y a quelques années encore, au "royaume" du Busozo, ou encore dans des circonstances très fermées comme un pacte du sang, nous échappent totalement... De toutes façons, on ne peut expliquer les fonctions des devinettes très rigoureusement qu'à partir du réseau de communication qu'elles supposent. D'un clan à un autre? D'une caste à une autre? Ce qui se dit des Tutsi et des Hutu, se dit-il identiquement chez les uns et chez les autres? Ici encore on devra se garder de réponses hâtives.

IV. Ce travail porte sur des devinettes recueillies entre 1960 et 1970. Donc à une période historique donnée. Ce fait n'est pas négligeable. Si nous comparons l'ensemble des devinettes que nous connaissons aux devinettes bantoues de l'Afrique australe publiées dans la revue *African Studies*, on voit que les items du Rwanda conservent mieux le reflet d'une époque passée. S'il y a des devinettes modernes, elles ne sont pas majoritaires en nombre. Deux ou trois exceptés, elles ne traduisent pas des devinettes venues de l'étranger. Or ce n'est pas le cas en Afrique australe. Elles n'emploient que quelques mots de swahili. Tout cela illustre la vivacité des devinettes. Mais on constate aussi que la diffusion des devinettes se fait à l'échelle nationale (quelques rares devinettes régionales ont tout de même été relevées). Dans ce cas, les devinettes dont on dispose doivent être tenues pour l'expression d'une société volumineuse, politiquement complexe, et qui assigne à la parole une fonction complexe et spécifique, qui n'a pas nécessairement été toujours la même. On aura donc des raisons d'être attentif d'abord à la forme littéraire des devinettes, mais on devra alors ne pas oublier que cela même joue un rôle important dans la société, dans un domaine qui ne se limite pas à la littérature.

Les devinettes qu'on recueille aujourd'hui sont le produit d'une évolution diachronique, marquée par l'histoire. La tradition orale en milieu rwanda n'est pas la transmission d'un message inaltérable, qu'il serait interdit d'interpréter. C'est pourquoi il n'est pas possible de faire a priori le départ entre énigmes et devinettes, car les deux formes, l'une sans doute plus ancienne et plus solennelle, l'autre enfantine, se sont influencées, interpénétrées. Sans doute l'hypothèse la plus économique serait la suivante : il y a eu des "modes" qui ont pu faire sentir leur influence dans l'expression, même fixée par la tradition orale. Dans l'état actuel de la recherche, on ne peut rien en dire. Il n'est pas actuellement possible de dire dans une famille de devinettes laquelle a engendré laquelle. Quand on rencontrera une forme plus "simple", on devra se garder de penser qu'elle est pour cela plus "primitive".

Conscient de la richesse du document dont nous disposons, mais aussi des bornes qu'il marque à notre étude, nous ne devrons pas déborder le champ que délimitent les trois questions que voici :

- la devinette est un jeu : comment en interpréter le plaisir?
- la devinette est un acte de parole : quel est le statut de cette parole?
- la devinette est un document qui nous renseigne sur la société rwanda: que dit-il?

IBISÁAKUZO : UN JEU ET UNE TRADITION

C'est l'étude sémantique des devinettes qui permet d'aller le plus avant dans leur analyse. Il n'est pas inutile cependant de s'arrêter un peu à l'aspect ludique des devinettes. C'est sous l'aspect d'un jeu d'enfant qu'elles apparaissent et c'est en essayant de les comparer à d'autres jeux, que nous est venue l'idée de les interpréter. Résumons quelques observations très simples.

Même si aujourd'hui la scolarisation massive des plus petits (7 - 9 ans) diminue la spontanéité des enfants à s'exprimer en kinyarwanda, on peut être témoin de nombreux jeux mettant en cause la parole ou comportant un important accompagnement de paroles.

Au jeu de combat des vaches, les jeunes garçons vivent les épopées guerrières mythiques à leur façon, en s'affrontant avec de petites branches fourchues qui font office, dans leurs mains, de cornes. Le jeu sur une petite cithare miniature faite de tiges de sorgho jointes ensemble, et dont une fibre détachée tient lieu de corde, peut être l'occasion d'improvisations poétiques. Le jeu des surnoms (**amazina**) est un amusement quotidien des écoliers et des autres enfants. Ils épinglent tout ce qu'ils voient et se désignent entre eux de la manière la plus pittoresque. Les Européens font les frais de ces jeux innocents. Les garçons jouent également à imiter les éloges guerriers (**amavugo**) et récitent des autopanégyriques (bouffons, naturellement!) avec l'emphase et la rapidité propres à ce genre traditionnel. On va retrouver souvent dans les devinettes de semblables usages.

Les petites filles ont pour elles les chants, les berceuses et les danses.

Il n'est pas décent qu'elles s'expriment beaucoup par la parole hors de la maison. Si elles doivent le faire, ce sera avec réserve, à mi-voix. L'interprétation du sens des danses de jeunes filles est un problème extrêmement complexe. On nous permettra de hasarder une hypothèse fondée sur des observations et quelques explications sommaires par des adolescentes. Les danses sont des représentations mimées de certaines caractéristiques des vaches. Les figures à exécuter sont connues, et supposent même un rigoureux apprentissage. Cependant, lorsqu'elles sont exécutées avec maîtrise, les spectateurs manifestent un grand contentement. La prestance et la dextérité des exécutantes y est pour beaucoup, mais tout se passe comme si, à un moment donné, l'évocation métaphorique ou énigmatique trouvait son accomplissement, sa réponse : telle qualité de la vache, tel troupeau, etc. dans la pensée du spectateur. D'où le plaisir qu'il manifeste (sourires, encouragements de la voix et du geste), qui s'apparente à la satisfaction d'entendre les réponses aux devinettes posées dans un groupe.

En rwanda, **sáakuzo** (iki- ibi-) signifie devinette. Lorsqu'un groupe d'enfants, ou la famille rassemblée pour la veillée, se lance des devinettes, chaque item est précédé de l'invitation : **saakwé sáakwé** (ou **sokwe** en rundi), à quoi l'on répond : **soma**.

- **Saakwé sáakwé**	Devine, devine
- **Soma**	A toi de boire
- **Karíihuuta**	Elle file!
- **Igari**	(R) La bicyclette.

En rundi, on dit **niruuze**, à la place de **soma** : "que ça vienne". Cette expression signifierait d'après Rodegem : que la mort m'emporte si je ne trouve pas la réponse[16].

La présence de cet indicatif suffit généralement à nous permettre d'identifier une devinette. Il tient lieu en quelque sorte de point d'interrogation. Le même procédé se retrouve dans d'autres groupes de langue bantoue. En ronga, on dit : **Tseke, tseke, watutseke** , et l'on doit répondre **Ka kesa** ; en kamba : "**Kwata ndai**", "prends la devinette", et l'on répond "**Nakwata**", "je la prends" [17].

---

[16] Rodegem, 1962, introduction.

[17] Cole Beuchat, 1957, p. 137.

Au Rwanda, on trouve quelques items qui inversent les rôles. **Sakuza** est un indicatif qui signifie: "pose toi-même la devinette".. Au Burundi, ZUURE[18] signalait un usage propre aux hommes :

- **Muhundi muhunde** — Mettez le chalumeau dans la cruche
- **Umwami ahundwa n'ingabo** — Le roi est entouré de ses hommes

Cet indicatif particulier qui accompagne la boisson signifie : la cruche (roi) est entourée des buveurs (hommes). Comme on l'a signalé, le jeu se déroule souvent autour d'un pot de bière.

Le verbe **gusákuza** signifie "quereller". **Urusakú** désigne une curiosité malveillante. En rundi, le verbe semble avoir un accent agressif qu'il n'a pas en rwanda. D'après BOURGEOIS[19] **isoko** en rundi désigne une cachette en temps de guerre. Le verbe **gusakwa** (cf. **saakwé sáakwé...**) signifie "subir une perquisition", pour soupçon de vol par exemple. Aussi pour désigner le jeu pacifique des devinettes, les Rundi préfèrent user d'un terme de la même famille : **igisóokoranyo**, pour "devinette", et le verbe **gusóokoranya** pour "résoudre des devinettes". Ils emploient parfois un terme particulier pour désigner les énigmes : **ubupfiindo**.

La devinette proprement dite se compose le plus souvent d'une formule affirmative bien frappée, de sonorité agréable, ou expressive, assez fréquemment symétrique, comprenant une description sommaire ou imagée d'une chose ou d'un état, une onomatopée, ou des surnoms. Elle est rehaussée parfois d'une formule d'inistance comme "**naaguteera** : "je te défie", ou bien **wayimenyá nkagúhemba** : "si tu le sais, je te récompenserai".Parfois un juron enjolive la conclusion : **mba ndóga daatá**", **mba ndóga Rudáhigwá** : "que j'empoisonne plutôt mon père", "que j'empoisonne plutôt mon roi"[20].

Elle peut se composer de formules plus longues, complexes, parfois difficiles à bien énoncer ; d'autres fois, elle ne comporte, à l'inverse, qu'un nombre très réduit de phonèmes. De toutes les façons, la forme d'une devinette est bien fixée, un changement dans la formulation signifie qu'on est en présence d'une autre devinette.

---

18 ZUURE, 1932, p. 112.

19 BOURGEOIS, 1957, p. 681.

20 Rudahigwa est le nom personnel du roi qui règna de 1931 à 1959. Son nom devient symbolique ; tout au moins il n'est pas remplacé, alors que ces devinettes ont été recueillies après plusieurs années de République.

Lorsque les devinettes n'ont plus leur forme canonique, le jeu perd de sa vigueur et de son intérêt. Il en va de même lorsqu'un joueur maladroit ou las se met à improviser des questions au lieu d'énoncer de vraies devinettes. Sans toujours pouvoir formuler pourquoi, les partenaires sentent bien que ce n'est plus "ça", et montrent à leur insu qu'une définition rigoureuse de la devinette au Rwanda existe, au moins implicitement.

Quand une devinette est lancée par un joueur, le partenaire doit trouver une réponse, un mot, ou une phrase, correspondant à l'énigme. Mais le jeu est avant tout apprécié pour sa rapidité[21]. Si aucun participant ne trouve, ou ne retrouve dans sa mémoire, la réponse, elle est donnée par celui qui vient d'interroger. Mais l'on passe si vite d'une devinette à une autre qu'aux yeux d'un européen, le jeu semble mettre à contribution bien plus souvent la mémoire des partenaires, que leur jugement ou intuition. Reste à savoir si la distinction n'est pas hâtive. En tout cas, le jeu devient vite un feu roulant de questions et de réponses où devinettes faciles et connues de tous vont alterner avec des énigmes plus subtiles, recherchées et parfois incongrues.

Les conditions du jeu sont aujourd'hui assez floues. Aucune règle ou interdit n'en régit plus le temps ou le lieu. D'une manière générale, les enfants jouent aux devinettes quand ils n'ont pas autre chose à faire. Il n'en fut pas toujours ainsi. Au Burundi, Zuure rapporte qu'au temps où elles étaient "en honneur tant dans les palais des princes que dans les huttes délabrées des pauvres serfs, on ne les entendait que le soir : les enfants qui se seraient risqués à en prononcer avant le coucher du soleil ne grandiraient plus". Au Buha, Scherer note que "les devinettes que l'on se passe dans l'intimité de la famille ne sont de mise que pendant la soirée"[22]. Au Rwanda, on disait parfois que les petits garçons qui auraient proféré des devinettes le jour se seraient vus menacés d'être transformés en lézards. Cette manière d'interdire des contes ou des devinettes le jour est très répandue en Afrique. Le début

---

[21] On stimule le jeu en disant : **kiimpe**, donne-le-moi ; **cyicye**, résouds-le. Pour "donner sa langue au chat", on dit **ndagúhaaye**, je me rends. Après avoir donné la réponse, le meneur peut affirmer fièrement : **ndagútsiinze** : je t'ai vaincu. (Pour plus de détails, cf. G. M. Dion, 1971, introduction.)

[22] Zuure, 1932, p. 109. ; D'Hertefelt... Scherer, 1961, p. 183. ; cf. aussi Bigirumwami, 1964 *pro. man.*

de la nuit correspond souvent à un temps de détente, de vie sans contrainte où l'imagination peut se donner plus facilement libre cours. Ce moment de grâce s'oppose à l'aspect officiel et public des travaux diurnes et de la parole diurne : éloquence judiciaire, traitement des affaires politiques, exercice de l'autorité. La nuit est sacrée ; au Rwanda, c'est le moment ou **Imana** revient au pays, c'est le temps de la fécondation. Le début de la nuit est donc un moment heureux, qui se prête bien à l'échange et au rire, toutes choses qui sont fastes.

Aujourd'hui, le jeu est quelque peu dévalorisé. Il ne convient guère à des adultes de s'y adonner en public, pas plus à des jeunes filles. Mais lorsque le jeu est pratiqué à la veillée, toute la famille rassemblée y participe volontiers. Parmi les nombreuses choses que traditionnellement un grand-père apprend à ses petits fils, les devinettes sont, à coup sûr, un bon véhicule d'information. Enfants et adultes du Rwanda aiment leurs devinettes, et celui qui en sait beaucoup passe pour un agréable compagnon, un animateur de société. Maintenant que l'école est très répandue, on ne considère plus la devinette comme un moyen d'enseignement, et elle ne revêt aucune signification magique, mais la pratique de l'énigme ne laisse jamais indifférents les Rwandais ; c'est un bon entraînement, et un plaisir. Plaisir oral, plaisir du dialogue pratiqué en petit groupe, qui ravive mémoire et esprit de finesse, en particulier pour tout ce qui touche au patrimoine spécifique du Rwanda.

Dans les traditions, les énigmes abondent ; on en a des indications indirectes en quantité. Les récits historiques montrent bien la place centrale qu'elles tenaient dans la pensée traditionnelle. Dans un récit par G. GAKANIISHA, qui rapporte l'Histoire de Nsoro, l'héroïne **Robwá** dit : "**Kiményi**, si tu étais **Kiményi** (mot à mot : celui qui sait), tu saurais qui je suis, mais de fait tu ne sais rien. Maintenant donc, si nous chauffions du fer à la forge, tu retirerais des scories et moi j'emporterais mes outils". Le récit se poursuit : "**Kiményi** croit qu'il s'agit là du fait de forger comme les forgerons ; il ne comprend pas que **Robwá** veut lui dire une parabole". Il ne s'agit pas d'une devinette, mais bien d'une formule énigmatique sur laquelle repose une partie de ce qu'on pourrait appeler la conscience nationale des Rwandais : le sentiment d'avoir été unis pas le geste courageux de **Robwá** : se jeter contre un tambour, pour que l'enfant de ses entrailles ne soit pas donné à l'ennemi **Kiményi**. Dans un autre récit par le même conteur, un devin donne comme signe d'une victoire "que plusieurs choses vainquirent les **Nyoro** : le pigeon qui niche dans l'acacia de Nkuuzuuzu vainc les Nyoro, le mouton Mudéende vainc les Nyoro et les grues couronnées vainquent les Nyoro[23]". Plus tard, ces oracles se réalisent miraculeusement. Dans le conte, l'énigme n'est pas déchiffrée, mais présentée comme le préparatif magique d'un plan de guerre qui réussit : avec seulement de petites choses, les grues couronnées (totem des Abanyigínya, la dysnastie royale) vainquent des ennemis puissants et redoutables : les Nyoro (venus du Nord-Ouest).

Les anciens Rwandais, dit A. KAGAME, passaient pour de grands experts en matière d'énigmes. "N'avez-vous jamais entendu les énigmes résolues par Ngoma, fils de Sacyeěga ? Notre Ngoma eut une nouvelle énigme à résoudre. Son père avait contracté avec le Trépas une dette bovine. Le terrible créancier se présenta un jour chez Sacyeěga et déclara : la dette doit être réglée sans retard. J'exige cependant que vous me payiez d'une vache qui ne soit ni mâle ni femelle ; à défaut d'un pareil bovidé, c'est vous que je prends... Mis au courant du terrible dilemme Ngoma répondit à son père : - Ce n'est pas bien difficile. Il suffit de mettre le Trépas dans l'impossibilité de venir réclamer son impossible bovidé. Lorsqu'il se présentera au jour convenu, répondez-lui ceci : - J'ai enfin trouvé votre dû, seulement pour vous en saisir, n'arrivez ni le jour ni la nuit. Le jour on ne voit pas les étoiles, et la nuit, elles sont visibles. Venez entre les deux, et vous aurez votre bovidé"

Les conteurs, poursuit A. KAGAME, ne relatent pas la suite des événements, et ils n'en avaient pas besoin. L'inventeur de l'énigme n'avait en vue que de formuler les deux impossibilités et de les opposer l'une à l'autre"[24]. En plusieurs endroits on trouvera des énigmes qui, directement ou non, sont des défis à la mort et, comme ici, un jeu habile sur les antinomies du temps.

---

[23] COUPEZ & KAMANZI, 1962. III, 43-44, et V, 6-7. Sur devinette et divination, nous reprenons systématiquement au chapitre 6.

[24] A. KAGAME, 1955, pp. 264-265. La même ruse est évoquée dans une devinette lozi qui trouve ainsi son explication. Cf. GOWLETT, 1966, n°108.

Si ton beau père te dit que tu dois acheter une bête ni mâle ni femelle, mais que tu dois l'acheter?

(R) Si je dois acheter une bête, tu dois venir la chercher mais tu ne dois venir ni le jour ni la nuit, mais tu dois venir.

Lisant à la fois des contes ou récits et des devinettes du Rwanda, il nous a semblé que des devinettes allusives renvoient à des légendes et en sont comme la formule mnémonique. Mais ceci resterait à vérifier avec précision, en confrontant plusieurs conteurs.

Il ne faut pas oublier non plus l'importance des pratiques divinatoires. Depuis les conseils secrets de la cour, jusqu'à la plus humble consultation d'un pauvre cultivateur, c'était monnaie courante tant que le christianisme n'eût pas réduit ces pratiques à la semi-clandestinité. Y abondaient aussi les messages sibyllins. On n'a pas de peine à imaginer qu'encore aujourd'hui les enfants ne se sentent pas étrangers à l'herméneutique.

Mais le genre demeure bien vivant. De nos jours encore, des devinettes sont créées. Elles expriment d'une manière intéressante les réactions des Rwandais aux nouveautés apportées de l'étranger, et montrent au passage comment se transmettent les idéologies :

> **Yaagira amajwí meezá arakagira Kayíbaanda**
> (R) **Radiyo**
> Il a de très belles voix ; qu'il soit digne de Kayibanda.
> (R) Le poste de radio.

Voilà une devinette qui n'a pas plus d'une décade, puisqu'elle cite le Président du Rwanda, Dr. Grégoire Kayibanda.

II. LA LANGUE PARLÉE AU RWANDA ET LES DEVINETTES

DESCRIPTION SOMMAIRE DU KINYARWANDA

Il est inutile de présenter ici en détail la langue rwanda (**kinyarwanda**). On pourra lire les notes linguistiques de COUPEZ et KAMANZI, dans plusieurs de leurs publications de textes, ou se reporter à l'*Essai de Grammaire Rundi* par A.E. MEEUSSEN. On a consulté aussi les travaux de DOKE et de GUTHRIE sur les langues bantoues[25].

Rappelons brièvement quelques caractéristiques de ce parler bantou oriental.
- Il concerne tous les locuteurs du Rwanda. Le swahili véhiculaire ne lui fait guère de concurrence en dehors des transactions commerciales. A l'exception de quelques mots récents comme avion, brouette, auto, table, manteau, etc. le swahili n'a pas d'influence dans les devinettes. Même remarque pour le français : quelques termes seulement pour désigner des vêtements européens, **mariyaje** signifiant noeud-papillon! Des traces de latin, signe de l'influence missionnaire catholique!

- Le rwanda est une langue dont les voyelles sont susceptibles de hauteurs différentes, et de longueurs variables. Les spécialistes distinguent :bas bref, bas long, haut antérieur bref, haut antérieur long, haut postérieur long et haut double. Il va sans dire qu'une telle pratique, qui n'a d'ailleurs rien d'exceptionnel, tend à développer les exigences de l'ouïe[26].

---

25 DOKE, 1954 ; GUTHRIE, 1967.

26 Sauf exceptions signalées en note, les textes en kinyarwanda sont orthographiés pour faciliter les distinctions de tonalité et de quantité vocalique :
á : ton haut au début d'une voyelle brève ;
áa : ton haut au début d'une voyelle longue ;
aǎ : ton haut vers la fin d'une voyelle longue ;
a : ton bas, voyelle brève ;
aa : ton bas, voyelle longue.
Pour plus de détails, on peut se reporter à :
MEEUSSEN, 1959, pp. 16-20.
COUPEZ et KAMANZI, 1962, pp. 12-21.

- Le rwanda répartit les noms dans des classes nominales. Une classe est un regroupement arbitraire de termes derrière un même morphème classificateur ; cependant les noms de personnes, à l'exception de quelques termes comme **so**, **data**, **dawe**, ou **databuja**, **shebuja**, désignant le père et le patron, sont normalement préfixés en **-mu-** au singulier et **-ba-** au pluriel. Les autres noms se répartissent derrière d'autres morphèmes. Les morphèmes de classe sont souvent précédés d'un augment : **u-mu-ntu**, une personne ; **a-ba-ntu**, des personnes. Dans la proposition, les mots qui dépendent d'un nom classé prennent la marque de sa classe.

- Le rwanda peut construire d'imposants complexes signifiants par l'agglutination de particules à une racine donnée. Ainsi nous trouvons dans une devinette le mot **Rukimbagirabisiiza**. Il nécessite évidemment de nombreux mots pour être traduit :

Ru "celui qui..." ; le grand qui... ; le célèbre qui...
(gu)kimbagira "frapper du pied avec assurance"
(i)bisiiza "un terrain plat au pied d'une colline"

Le verbe s'applique volontiers aux sommets. On pourrait essayer : "l'Arpenteur-assuré-des-plaines". Il s'agit d'un surnom qui tourne en dérision l'ibis noir, oiseau néfaste qui vit près des marais.

Disons, pour bien nous faire comprendre, qu'avec ce type de langue, le risque est très rare de forger un néologisme, ou un "mot-valise" qui dénaturerait la langue (comme fabriquer par exemple un verbe "génufléchir"). Cette propriété du rwanda permet de signifier avec concision et finesse des réalités complexes. Par contre, le calembour, qui se rit des limites des mots (un jour pluvieux, un jour plus vieux ; quel fat alité, quelle fatalité, etc.) n'y est d'aucun intérêt!

- Les rapports entre signifiant et signifié sont difficilement interchangeables avec ceux d'une langue romane. Toute traduction est un appauvrissement considérable. Une traduction littérale n'est d'aucun secours bien souvent. Si je traduis **iserí ryaa ngoma** littéralement, je dois dire "la main du tambour". Qui pensera qu'il s'agit des bananes du sommet du régime? En rwanda il y a un mot propre là où l'on recourt à une image en français (une main de bananes) et en rwanda il y a une métaphore différente de celle du français pour désigner la grappe de bananes. Pour tenter de donner quand même une traduction, on s'est efforcé de suggérer en priorité l'effet formel : concision, sonorité lancinante, harmonie imitative, etc. de la devinette, le moins infidèlement possible, et de compléter par des commentaires ce que la traduction ne peut faire percevoir directement.

PROBLÈMES AUTOUR DES CLASSES NOMINALES

La syntaxe rwanda repose sur des classes nominales. Il en découle un problème théorique lorsqu'on réfléchit sur les devinettes. Prenons un exemple très simple :

Abakǒbwa baanjye babyina bóose

On constate que le morphème ba- est réitéré à chaque ajout d'une unité constitutive de la proposition. Cette répétition n'est pas facultative, et l'on ne peut modifier ce phénomène sans changer le sens de la phrase ou lui faire perdre toute signification. Dans cette sorte d'accord "allitératif"[27], la distribution du sens à l'intérieur de la proposition est très déterminé. Il est guidé par un schéma rigide, ici la représentation obligatoire du morphème ba- dans chaque mot (ou bo- devant ose). On peut se demander si une telle langue peut être susceptible d'énoncer des énigmes. De quelle manière en effet énoncer avec des classes une proposition se rapportant à un sujet qui n'est pas encore présent à l'esprit et dont on ignore par conséquent la classe ? Il faut au minimum trouver des termes dont le classificateur soit neutralisable ou ambigu, pour laisser place à des possibilités de changement de classe. Quoiqu'en nombre assez restreint, ces possibilités existent dans la langue.

- Les adverbes interrogatifs n'appellent pas à une distinction entre classes, mais seulement entre personnes et non-personnes (ni ndé? c'est qui? ; ni iki? c'est quoi?), mais la devinette n'en fait presque jamais usage.

- L'utilisation de diminutifs (avec les classificateurs aka-/utu- ou aga-/udu) ou d'augmentatifs (uru-/in-) ramène des termes appartenant habituellement à des classes différentes, à des classes semblables. On peut ainsi substituer sans rompre la construction un sujet appartenant habituellement à une classe à un autre d'une autre classe. Par exemple :

aka kagabo kaahina só	ce petit homme ferait courber ton père.
- kaanzu - -	- - portillon - - - -
- gacaǎca - -	- - herbe (coulant) - - -

Cette possibilité de ramener des éléments disparates (umugabo, inzu et umucaca - pluriel imicaca) dans un même cadre, celui de l'allitération, est sans

---

27 Doke, 1954, p. 47.

doute une raison à l'emploi fréquent de diminutifs et d'augmentatifs, ces derniers étant très nombreux dans les noms propres : Rukuungu, Rukubá, Rugina, etc. On emploie aussi fréquemment la classe iki- ; elle marque l'excès ou le défaut et comporte une nuance péjorative : ikigoré, igikeěcuru, "la mégère", "la vieille". On obtient par là une plus grande régularité de la construction.

- On peut utiliser parfois des morphèmes substitutifs de noms qui ne sont pas exprimés dans le contexte. En d'autres termes, on peut exprimer le sous-entendu dans une classe donnée[28]. Certaines devinettes utilisent ce procédé : souvent le sujet "vache" est omis devant les verbes qui désignent des actions des vaches. Dans l'exemple qui suit, le nom uburó (éleusine) est sous-entendu comme objet d'un verbe (morphème bu-) :

> Maamá yasize abugeze mba ngukoreye mo (R) Igitimbya cy'ifuku
> Maman maintenant partie l'a mesuré, autrement je t'en aurais donné.
> (R) La terre (rejetée par) une taupe.

Remarque : bu- renvoie à uburó, l'éleusine. Dans la légende c'est une graine primordiale (imbúto nkurú) cultivée par les esprits bienheureux sur les volcans. Renversons la proposition, on obtient :

> cultivé -- non cultivé
> volcans (= Olympe) -- sous-sol

La terre venant des galeries souterraines des taupes semble mesurée. Il n'y avait pas qu'une raison apparente de rapprocher l'éleusine et les déchets des taupes. Cet échafaudage d'hypothèses paraîtra moins fragile quand on aura examiné le langage des devinettes plus à fond.

Dans cet item :

> Ngera búmera (R) Umusatsi
> Je coupe, elle repousse. (R) La chevelure,

le référé implicite est sans doute une herbe, car souvent les cheveux sont comparés à des herbes - et réciproquement. Cependant aucun élément grammatical de la question ne préfigure la réponse.

D'une façon générale, les devinettes du rwanda semblent pousser au maximum l'écart que peut admettre la langue par rapport à elle-même. En français, la devinette peut se schématiser sommairement par la reconnaissance d'une discontinuité (surmontée) entre deux signifiés :

> Une maison sans porte. (R) Un oeuf,

et d'une continuité syntaxique : on peut dire l'oeuf n'a pas de porte. En rwanda, la devinette présente aussi une discontinuité syntaxique entre question et réponse.

---

28 MEEUSSEN, 1959, n° 803.

Abakoǒbwa baanjye babyina bóose (R) Imirya y'inaanga

Mes filles dansent toutes. (R) Les cordes d'une cithare.

Aka kagabo kaakwica só (R var.) Ubunyeréri

Ce petit homme ferait courber ton père. (R var.) Un bourbier.

La devinette apparaît donc, du point de vue du langage, comme une destructuration du modèle simple des propositions pour définir ou décrire, en vue d'une re-structuration, par exemple selon des répétitions, des symétries de mots, etc., et pour laisser peut-être se manifester des procès de signification que le langage parlé ne laisse pas transparaître dans son usage naturel.

DES GENRES

La langue rwanda ne note qu'avec parcimonie le sexe des protagonistes dans les énoncés, et n'affecte jamais d'un genre les réalités qu'elle signifie. A l'exception des termes propres désignant des êtres mâles ou femelles (**imfiizi** : taureau ; **inkumí** : fille nubile, etc.) il n'y a que les préfixes **Nyirá-** (fille) et **Mukáa-** (épouse) et le suffixe **-kazi** (femelle) qui permettent de désigner un genre. Cela ne signifie pas pour autant que les signifiés soient neutres. Au contraire, et nous y reviendrons en détail, tous les objets familiers sont affectés d'une symbolique sexuée. La marmite est féminine, comme la maison. Les cônes du foyer sont masculins, les piliers de la hutte, les instruments de fer, etc. Plus que d'autres langues, les parlers bantous laissent le champ libre à l'expression symbolique, puisqu'ils ne l'ont pas détournée à leur profit en l'inscrivant dans la grammaire.

Pour cette raison une étude des devinettes ne peut se cantonner dans l'examen linguistique des items. C'est bien souvent au niveau de ce langage symbolique que s'établit la relation entre question et réponse, et cette relation fait éclater les habitudes linguistiques.

USAGE ET STYLE

La langue rwanda enfin, présente des expressions qu'on emploie fréquemment dans un sens détourné et non littéral.

La bienséance veut qu'on utilise très souvent des périphrases et des métaphores pour désigner des réalités qu'il serait indélicat de nommer, ou néfaste. Comme en bien d'autres lieux de l'Afrique, la parole n'est pas réglée seulement par la grammaire, mais aussi par une "éthique" particulière. Un usage maladroit représente une faute et un danger pour le locuteur ou l'auditeur. Ainsi, on ne doit pas nommer les besoins du corps. Pour désigner la défécation, on doit dire : enlever une épine. Manger est considéré comme vil, et l'on n'en parle qu'avec des périphrases comme : s'aiguiser les dents. Bref, on emploiera des tournures élégantes qui se contentent de suggérer que c'est de "cela" qu'il s'agit.

On ne doit pas, pour des raisons magiques, demander son nom à quelqu'un directement. Prononcer le nom de certaines personnes (beau-père, belle-mère) peut faire l'objet d'un interdit. Dire que le roi est mort, dire qu'une couronne de maternité (**urugorí**) est brisée est interdit. Dans ces cas on devra dire seulement "qu'il a donné" ou "qu'elle a ri". On ne doit pas dénombrer, de peur de limiter définitivement ce qu'on désigne[30].

De ces habitudes découle une grande difficulté à interpréter certaines paroles. Un énoncé intelligible littéralement est de fait marqué par la position sociale, la personnalité magique ou l'histoire personnelle de son émetteur ou de son récepteur. C'est un piège pour l'étranger. C'est aussi une prédisposition à jouer sur ce que nous appelons, faute d'un meilleur terme, l'écart de la langue par rapport à elle-même, et qui semble bien être une racine du jeu des devinettes. F. Rodegem[31] appelle cette forme d'expression le "style oblique". Nous ne le suivons pas lorsqu'il en donne une explication teintée de psychologisme, en disant que "c'est le fait d'un esprit tortueux, pour qui la parole n'est pas un message direct, mais le résultat d'arabesques emberlificotées à plaisir pour ne pas donner prise à l'interlocuteur".

Les réflexions qui vont suivre gravitent autour de cet axe théorique : interroger sur l'écart du langage par rapport à lui-même. Il est évident que dans le cadre culturel que nous tentons d'étudier, la question dépasse beaucoup les seules considérations linguistiques ou psychologiques.

---

29 Cf. G. Calame-Griaule, *Ethnologie et Langage* , Paris, 1965, ou bien D. Zahan : *La dialectique du Verbe chez les Bambara*, Paris, 1963, etc.

30 Détails supplémentaires, *infra*, chapitre 4 : La figure de gradation.

31 Rodegem, 1972, p. 17.

III. LES SURDÉTERMINATIONS FORMELLES DES DEVINETTES

LE GOÛT DE LA FORMULE

Dès l'instant que l'on sera un peu familiarisé avec la langue rwanda, on saura reconnaître la devinette à la présence de formules plus ou moins stéréotypées dans la question surtout, et à certaines occasions dans la réponse aussi. La technique d'expression particulière à ce genre peut s'inventorier assez facilement.

I. Après l'indicatif toujours réitéré **Saakwé sáakwé**, on dispose, pour présenter une personne, une chose ou une situation, de quelques formules.

dore	mais voici
mfite, ngira	j'ai
mpagaze...mbona	je me tiens à ... et je vois...

Kó (puisque... ton père est grand, tu es là, tu ris, etc.) introduit un défi. **Naaguteera** (je te défie) se trouve souvent au commencement de la question. On peut aussi introduire des paroles de l'objet, animé ou inanimé, de la devinette.

> **Kati mbaagira butimbo** (R) **Agahaǎnga k'ifumbeeri**
> Il dit : pèle-moi une patate. (R) Le front du céphalophe
> (Il s'agit d'une moquerie à l'égard du céphalophe dont la tête est minuscule par rapport aux autres espèces d'antilopes).

On peut également faire l'ellipse du verbe **-ti**, et rapporter de manière exclamative les paroles de l'objet à découvrir, sans autre indice qui mettrait sur la voie de la réponse. Exemple :

> **Teekera agataǎbi tugende** (R) **Igaǎre**
> Tasse ton tabac, on s'en va. (R) Une bicyclette.
> (C'est la bicyclette qui donne à son propriétaire le conseil de bien bourrer sa pipe).

> **Babkoobwa yaampá** (R) **Umuce mu kiraambi**
> Eh! les filles, qu'il donne. (R) La natte près du foyer.
> (Ce paillasson s'estime maltraité et lance des imprécations.
> **Yampa** a pour sujet sous-entendu **Imana** : le divin, la chance, et signifie à peu près : "au secours").

L'exclamation peut être le fait du sujet ; elle suffira à intriguer les partenaires du jeu.

> **Kubá mu gisiiza ntuǔnge uburo ni iki ? (R) Umbusaǎmbi**
> Etre de la plaine et ne pas cultiver l'éleusine, pourquoi?
> (R) La grue couronnée.
> (La grue couronnée, totem du clan dynastique des **Abanyigínya** est l'objet de nombreux reproches dans les devinettes, à cause de sa désinvolture et de son imprévoyance ; il n'est pas défendu de penser que ces reproches s'adressent aussi aux personnes que représente le totem).

Une sentence proverbiale dans le cadre du jeu aura le même emploi :

> **Kuba aharéengeye si kó kúumva** (R) **Agasongero**
> Etre haut placé n'est pas forcément comprendre. (R) La pointe au sommet du toit de la hutte.
> (Le proverbe joue sur le double sens du locatif **aharéengeye**, qui peut s'entendre d'une personne. La devinette attire l'attention sur ce sens personnel : critique de celui qui est au sommet de la colline, et donc de de la hiérarchie, en mentionnant un sens littéral, une application matérielle possible du proverbe).

D'autres tours fréquents mais un peu plus complexes permettent de varier la construction des énigmes. La présentation d'une chose peut se faire par l'opposition de ses fonctions entre le jour et la nuit, ou par sa localisation.

> **Abáana baanjye baraara báhagaze**
> (R) **Imyuugariro**
> Mes enfants passent la nuit debout, au lever du jour ils se couchent.
> (R) Les pieux. (servant la nuit de barricade entre les poteaux de l'entrée de l'enclos).

La localisation (fictive) se fait en opposant le haut et le bas, (**hasi... hejuru...**), le marais et le sommet de la colline (**hepno... haruguru** : en bas d'ici... derrière le sommet, par delà). Ces adverbes de lieu ont pour principale fonction de souligner une opposition, ou une impossibilité ; ils sont symboliques du bien et du mal, du ciel et de l'enfer, le marais étant le lieu sale, où l'on jette les cadavres, et le sommet de la colline, la résidence du chef et même du roi. La localisation est encore un artifice de présentation lorsqu'on dit pour introduire une devinette : les vaches quittent le puits, l'enclos ou le gué, en laissant derrière elles... ou encore lorsqu'on dit : je mène une vache... et j'en ramène une autre... Exemple :

> **Ziráahutse zisiga umugomé mu rugó** (R) **Iraago**
> Elles vont paître et laissent l'ennemi dans l'enclos.
> (R) La lancette (servant à saigner les vaches).

On pourra situer l'opposition dans le temps, opposer autrefois à maintenant.

> **Abáana banjye biǐyuhagiye kuu ngoma ya Rwogera n'uǔbu ntíbaraandura**
> (R) **Inyǎnge**
> Mes enfants se sont lavés sous le règne de Rwogera, et jusqu'à maintenant, ils ne sont pas sales. (R) Les garde-boeufs.

(Ces oiseaux sont blancs et symbolisent les pasteurs Tutsi, dont la pureté rituelle -blanc favorable- est ainsi suggérée. Mutára II Rwoogéra est le premier roi du dernier cycle royal complet. La permanence de la blancheur, donc de la valeur magique faste de l'élevage durant tout le cycle royal est la leçon profonde de cette devinette d'apparence désinvolte).

L'opposition de deux lieux ou de deux moments aboutit cependant souvent à renforcer l'expression d'une unité. Haǎkurya... Haǎkuno... (au delà, en deçà) sert à décrire toute une étendue, comme le français "d'un bout à l'autre". De même l'opposition règne de Rwoogéra / maintenant, désigne tout un cycle royal.

L'adresse à l'interlocuteur peut se renforcer de diverses manières. En citant dans la question son père ou sa mère (só, nyoko) le défi se fait plus vibrant : il évoque l'éventualité d'une insulte. On dira aussi Tabaara sogókuru, "aide ton grand-père". Suit une moquerie pas bien méchante et qui pourrait bien être dite par le grand-père lui-même.

Tabaara sogókuru yasiimbukanye amabyí (R) Igiti gikuukánye imizi
Va aider ton grand-père, il saute avec des crottes au derrière.
(R) Un arbre écroulé (montrant ses) racines.

On pourra encore proposer d'une façon enjouée à l'interrogé d'entreprendre une action dont on se propose soi-même d'accomplir la symétrique.

Ca mw'itabi, nshé mu rutooki
Prends par le champ de tabac, je passe par la bananeraie ...
Fata inkoni mfaté indí
Prends un bâton, que j'en prenne un autre ...

et l'on va frapper un animal, déterrer un tubercule, etc.

Ou bien encore, utilisant les deux possibilités, on dira :

Hagarara haǎkurya mpagarara haǎkuno
Tiens-toi là, je me tiens ici ...

Ces formules sont comme une petite mise en scène du défi de la devinette. On ne peut éviter d'être frappé par le goût du dualisme qu'elles manifestent. Le mystère qui entoure l'action imaginaire peut être accentué par l'indication d'un lieu de mystère et, il faut bien le dire, de saleté :

Igire inyuma y'inzu
Va derrière la maison.

A d'autres moments, le jeu devient plus familier : beaucoup de devinettes proposent :

Ca bugufi... baisse-toi (je vais t'aider à charger ceci ou cela sur la tête).

Nous retrouverons sans cesse ces formules avec les exemples que nous étudierons.

II. Les formules finales sont moins stéréotypées. Mais plusieurs devinettes se terminent par la mention :

... ngera iyó nshaaká
... je parviens où je veux.

On peut les compléter plus ou moins librement de promesses de récompense, ou de serments, comme on l'a déjà signalé.

Les réponses se présentent généralement en un mot. Mais un nombre nullement négligeable de réponses comportent une description anecdotique : c'est la petite vieille qui... a perdu sa pipe ; c'est un tison qui tombe dans l'eau chaude... etc. ou une situation incongrue. Le schéma est presque toujours le même. Une réalité X située sur ou dans une réalité Y. Ce sera un crapaud dans du lait, un pou sur une tête chauve, un rat dans le plafond, la houe dans le champ inculte, l'européen dans sa voiture, etc.

Il arrive que la réponse vienne compléter la question par son rythme et une assonance. Ainsi cette devinette à laquelle nous n'avons pas trouvé d'explication satisfaisante, mais qui est caractéristique dans sa forme sonore :

Kaǎturutse i Bujinja (R) Agatsíintsiino k'uruhíinja
Il vient du Bujinja. (R) Le talon du bébé.
(Le Bujinja, au bord du lac Victoria, désignerait par antonomase des lieux éloignés, à moins que le terme renvoie à une racine désignant une bataille, un affrontement difficile?)

Ou encore :

Baaraara gatibá (R) Akabéehé mu mutibá
Faufile-toi dodue. (R) La louche dans la corbeille (garde-manger).
(Sur le symbolisme sexuel, voir Ch. 6.)

Certaines devinettes sont le résultat de la fusion d'une question et d'une réponse, sous la pression de ce type d'effets sonores. On en trouvera plusieurs exemples au Ch.5, paragraphe "antinomies".

III. Un lot important de devinettes est constitué seulement d'onomatopées ou d'idéophones. Ce ne sont pas des imitations improvisées de sonorités entendues dans la nature ; ces termes sont aussi fixés que le très français cocorico ou le très germanique kikiriki. Ils ne manquent pas pour autant de pittoresque.

Dadari dadari (R) Indá mu ruhára
Badaboum badaboum. (R) Un pou sur une tête chauve.

Kati bombori kati beregeshi (R) Imbeba mu kigega
Il dit bombori, il dit beregeshi. (R) Un rat dans un grenier.

Dans certaines onomatopées, on peut reconnaître des mots plus bredouillés que dits :

Gikirigiti ikinótoǒri / Nyirágihíri ikinótoǒri / Nyirakinoono ikinótoǒri, etc. (R) Ifúuni mu mushike
Onomatopées. (R) De vieilles houes dans les friches.
(Les vieilles houes, dépourvues de tranchant, ne servent plus qu'à sarcler. Elles sont inefficaces pour les gros travaux comme défricher. On peut tenter de traduire les paroles de la vieille houe dont on suggère le bruit lorsqu'elle rencontre en vain la terre dure :
La vilaine qui enfonce (ou : qui coince) / La fille à la chance,
La vilaine qui pince / La fille au pied corné, la vilaine qui grince !)

Ailleurs, les mêmes onomatopées désignent les démangeaisons causées par la framboisie.

Birigita bírigita (R) Imeende mu mugezi
Floc floc. (R) Un mulot dans le ruisseau,

repose sur des onomatopées, mais ces onomatopées comportent la racine **git**, qui décrit une démarche pesante et arrogante. Même chose encore avec l'onomatopée **kaci kaci**, "couic couic", où l'on reconnaît la racine **ci**, signifiant couper.

IV. La recherche d'effets sonores est fréquente dans les devinettes. Des questions sont formulées selon des dispositions phonétiques qui frappent par leur configuration : symétries, allitérations.

Bisa bídasá
Ils se ressemblent en ne se ressemblant pas.
Kavune uvuníke
Essaye de la casser, elle te cassera.
Kinono kinoondi
Un sabot court mais large.

Ce sont parfois de véritables tongue-twisters (expression pour "tordre la langue") :

Uwaǎguha umutégo waawutéga (R) Umukoróroombya
Si quelqu'un te donnait un piège, pourrais-tu le tendre ?
(R) L'arc en ciel.

Kwa Búkocó barakócagurana (R) Urusyo n'ingásiire
Chez le croquant, on s'entrecroque. (R) La meule dormante et la petite pierre à moudre.

Kubita kibuta nkubite kibaata (R) Intébe n'ikibúno
Frappe le court, je frappe le plat. (R) Le siège et le derrière (qui se congratulent ainsi l'un l'autre !).

Buguza ubugumyá mbugúze ubuguzí tujyé kubúguza ibúguma y'ihené i Bugoyi (R) Ibúguma y'imbeba
Jongle avec l'avarice, je jonglerai avec le prix, nous allons troquer la carne d'une chèvre au Bugoyi. (R) La carne d'un rat.

(En dehors du Bugoyi, on donne cette variante :
Shyushya ubuguru nshuushyé ubuguru tujye kubúguza ibúguma i Bugoyi
(R) Itaǎbi

Echauffe-toi les jambes, je m'échauffe les jambes, allons troquer une vieille peau au Bugoyi. (R) Du tabac.

Ce ne sont plus tout à fait des énigmes : l'essentiel du rapport entre la question et la réponse est obnubilé par la gymnastique verbale, mais les deux dernières sont bien encore un défi qui fait penser à la compétition d'**igisoro** (sorte de "tric-trac" rwandais) appelé aussi **ikibúgu** (le troc). La dernière réponse est cohérente : le Bugoyi fournit le meilleur tabac du Rwanda.

Ces quelques traits formels rassemblés nous aident à reconnaître le goût des Rwandais pour les sonorités expressives, agréables, et pour les dispositions abstraites : symétries, contrepoint, etc. Il ne nous appartient pas de développer ce point ici, mais on retrouve des traits d'expression semblables dans la musique, la chorégraphie et les arts décoratifs, sparterie en particulier, dans laquelle les femmes du Rwanda excellent. Bien des devinettes reviennent avec insistance sur les symétries dans la nature, ou sur les paires de contraires :

Bikuumburanye bíbaana (R) **Amabéere**
Ibikǐngi by'amarémbo)
Ils désirent se rencontrer bien qu'ils vivent ensemble.
(R) Les seins.
Les (deux) poteaux de l'entrée.

Biteegeranye bítazáahúura (R) **Ikoombe z'úurúuzi**
Ikomanizo z'umuryaango
Amaheěmbe y'iinká (etc.)
Ils sont face à face et ne se rencontrent jamais
(R) Les rives d'une rivière.
Les montants de la porte (ou du vestibule).
Les cornes de la vache (etc.).

Pour se soumettre à ce goût caractéristique, beaucoup d'items se présentent avec des redondances qui semblent aller à l'encontre de la loi d'économie dans les traits d'esprit. Ainsi :

Haǎkurya iseengeesho haǎkuno iseengeesho (R) **Amashúuli abyiri**
Là une prière, ici une prière. (R) Deux écoles (de mission),

n'est que le démarquage moderne de séries de devinettes construites sur le schéma dualiste : toi... moi...; en contrebas... au delà...

Comparées aux divers types de devinettes bantoues dont nous avons pris connaissance[32], les devinettes du Rwanda présentent une beaucoup plus grande variété de formules introductives, de présentation ou de provocation. Il est

---

32 Cole Beuchat, 1957.

vrai qu'elles sont produites sur une aire culturelle et linguistique homogène beaucoup plus vaste.

On peut remarquer au total qu'il ne faut pas hésiter à renverser l'opinion courante qui voit dans la devinette un genre familier populaire "à peu près dépourvu de formalisme"[33]. En fait, dans les devinettes, les rwandais mettent en oeuvre des principes d'ordre et même une rhétorique subtile.

UN USAGE COMPLEXE DES NOMS PROPRES

Nous sommes déconcertés, aussitôt que nous entendons un petit nombre de devinettes, par la quantité de noms propres qu'elles comportent. Noms propres bien particuliers : à moins d'employer d'interminables périphrases, on aura beaucoup de peine à les traduire. Mais nous voilà alors réduits à garder en rwanda les noms propres des personnes, mais aussi les surnoms, sobriquets, titres et devises forgées pour des circonstances particulières. S'agit-il cependant de pièces uniques, de mots qui ne serviraient que dans le cadre de tel ou tel type de devinette? Nullement. Si l'on se trouve souvent en face d'une catégorie du lexique qui échappe aux classifications d'une langue indo-européenne, on est en présence d'un cas particulier de l'agglutination assez typique des langues bantoues. La détermination des étymologies et des racines des mots est une activité pratiquée par les locuteurs rwandais sans effort spécial d'érudition, ce qui ne veut pas toujours dire sans inexactitudes.

I. Dans la langue quotidienne, le choix des noms propres n'est pas illimité pour désigner des personnes, des lieux, des institutions. Le nom d'une personne a bien souvent un sens lié aux circonstances de la naissance : une parole prononcée sur l'enfant, une louange à Imana. Les herméneutes bénévoles ne manquent pas pour interpréter ces noms. Lorsqu'un nom de personne peut prêter à confusion, étant donné l'absence de nom de famille, on situe l'intéressé par sa généalogie.

Séenkóno wa Séebijuumba bya Rúgirá rwa Séeshatu[34]
S. fils de S. fils de R. fils de S.

Dans les proverbes et les contes, on va trouver des personnifications d'animaux,

---

[33] COUPEZ, 1970, p. 1.

[34] Cf. ARNOUX, 1931, p. 343.

ou d'entités naturelles selon le procédé qui sert à confectionner les noms propres. Une couleur substantivée : **Rukara, Gatamu, Rugaaju**, ont un retentissement plus personnel que les noms de vaches en français qui pourraient y correspondre, respectivement : la noiraude, la brunette et la roussette. **Kwavu**, désigne le lièvre. Dans les contes, c'est Maître Lièvre. L'emploi de noms composés et l'indication de la filiation servira à illustrer un trait du caractère du personnage, ou à définir avec emphase sa fonction.

Ainsi **Rutégamíinsi rwa Tegeera** : Le-prévoyeur-des-jours-à-venir fils de Sois-prévoyant[35] est le héros d'un conte mythologique. Dans les devinettes, la grue couronnée s'appelle **Rusatsi**, La Chevelue ; ou encore **Rutíikaanga**, l'Insouciante. **Rwabitooki** désigne de la même façon la bière de banane, et **Rwaamásaká** celle qu'on fait à partir du sorgho (**-tooki** : banane ; **-saká** : sorgho).

Le jeu sur les noms propres et la composition de noms descriptifs est donc l'un des ressorts les plus employés des devinettes.

Rutúubyamábuno Rutubuuramabondo (R) **Ikigeri**
Diminue-son-derrière, Gonfle-ses-pectoraux. (R) Un crapaud.

Inká zaanjye Nyaagaragurwa (R) **Imitoryi**
Mes vaches : On-les-retourne. (R) Des aubergines.
(Les passants tâtent avec convoitise celles-ci au bord des champs).

Voici des noms qu'on se plaît à donner au chalumeau qui plonge dans une calebasse d'hydromel ((R) **agahehá mu búuki**) :

Gihegehege mushíki wa Ntáre
L'élégante-soeur-de-Ntare (un roi rundi).

Nyirakayobé mukáa karemeera
Teint-rougeâtre, femme du Pondéré (évocation de la noblesse tutsi)etc.

II. Les devinettes utilisent fréquemment les filiations. Par cet artifice, on peut réaliser des descriptions complexes que l'emploi de surnoms isolés ne permettrait pas. Ce n'est pas à une généalogie qu'on se réfère alors, mais à l'articulation de plusieurs qualifications par le pronom collectif qui indique habituellement la filiation.

Cyaa Mutiimbatiimba cya Mutikura-ndwaanyi (R) **Ikiyoga cy'umusaama**
Celui-qui-cogne-dur, fils de Celui-qui-pourfend-les-attaquants.
(R) La bière qui fermente.
(La bière de banane ou de sorgho fermente avec bruit ; en raison de son effet aussi, elle est comparée au guerrier ou à la foudre).

---

35 Conte inédit recueilli par A. Kagame.

Le même procédé est employé dans cette devinette de composition récente :

> **Naaguteera Rukaba wa kimaniko rutaribwá n imbeba** (R) **Inzogera**
> Je te défie : Gros-ballot, fils de Suspendu, n'est pas rongé par les rats. (R) Une cloche.

Ces noms sont souvent forgés pour tourner en dérision ce qu'ils désignent.

L'exemple de cette remarquable généalogie nous le montre.

> **Nyamureemure wa Múrenzí wa Rwáamutóorerwa-byúuma** (R) **Ityazo**
>
> Le-très-long, fils de Le-très-noble, fils de Destinataire-des-fers.
> (R) La pierre à aiguiser.
> (Cette pierre n'est guère plus longue que large ; elle est plus triviale que noble, puisqu'elle est au vu de tous vers l'entrée de l'enclos. A plusieurs reprises le Code Dynastique montre l'importance magique du fer qui signifie la force et l'unicité du roi - peut-être en avons-nous trace ici, dans le lien qui est établi entre fer et noblesse.)

On a à la fois filiation et noms composés.

NOMS PROPRES ET POÉSIE

La devinette, enracinée dans le langage familier, partage avec la poésie la plus solennelle ce privilège de faire un usage intense de noms composés et de filiations. On trouve souvent en poésie l'emploi de noms composés dans un but emphatique :

> **Inkootabigwi ya Rugina**
> Accumulateur-de-succès, fils du Sanglant.
>
> **Muhíinza cúmu wa Ruzirampuhwe**
> Assommeur-à-la-lance, fils de Sans-pitié[36].

Les devises, les **igisíingizo** (louange) de la poésie guerrière, les **indezi** (ornementations) dans la poésie dynastique[37], nous présentent des généalogies fictives, des filiations imaginaires, dans le but sincère de magnifier les exploits des guerriers ou des rois, sans les nommer de manière trop directe. Initialement ces éloges étaient proclamés en présence du corps des ennemis tués. Les futurs guerriers, pages ou cadets de l'infanterie royale (**intoǒre**) étaient entraînés à l'éloquence. Ils devaient apprendre à se composer des devises autopanégyriques, et à déclamer leurs faits d'armes. Bien sûr, les chevilles abondent : il était facile de recourir à ce procédé chaque fois que l'inspiration se faisait courte. Dans certains poèmes, on voit revenir tous les trois

---

36 Coupez et Kamanzi, 1970, 10.2.5. et 10.3.1.

37 Kagame, 1969, p. 17 et 164 s.

ou quatre vers des séries de noms composés, sans grand rapport avec le destinataire de l'hymne : Le Valeureux, Le Glorieux... Cette habitude va à l'encontre de l'intention initiale qui est de donner un nom personnel à un héros. On retrouve ces caractéristiques dans les poèmes héroïques des Bahima de l'Ankole :

Rutateera-nte-mabega
Ne-tourne-pas-le-dos-au-bétail (*i.e.* : ne le laisse pas sans défenseur)

Runyabyoma
Il-est-de-fer (symbole du courage)

Rutanjuka mu ngaro
Pas-dérangé-des-doigts (*i.e.* : tient fermement sa lance)

Les poèmes sont constitués presque exclusivement de ces noms composés qu'on juxtapose comme des synonymes du nom de la personne dont on fait l'éloge. Le recours est donc grand aux métaphores et aux métonymies qui permettent de varier la formulation à propos d'un même signifié. Chez les Bahima cela permet une expression ésotérique, réservée aux pasteurs et peu intelligible des cultivateurs bairu qui les entourent. Ainsi le terme **enyarwanda** signifie "lance" par référence aux cornes des vaches **inyambo** du Rwanda. On appelle *kenning* ces mots composés substitués à d'autres mots plus simples dont ils sont synonymes, ou par rapport auxquels ils jouent le rôle de périphrase[38].

Au Rwanda, les noms propres panégyriques sont aussi métaphoriques. On fait l'éloge d'une personne en décrivant ses qualités et ses exploits par des noms propres, mais on va souvent plus loin encore, et on désigne la personne sous un autre nom que ce qui pourrait simplement la décrire. Pour des oreilles non averties, il n'y aura là que fantaisie débridée ou allusion incompréhensible. En fait, la composition de ces noms obéit à des lois précises. A. Kagame nous en donne des exemples très minutieusement démontés, qui nous serviront de modèle pour déchiffrer certaines énigmes. Il distingue des noms construits :

a) à partir d'une homonymie : **Rwoomoongana-shyaamba** , Le-rugissant-de-la-forêt, désigne le roi **Ntáre**. **Intáre** est le lion, qui rugit dans les fourrés.

---

38 H. F. Morris : *The Heroic Recitation of the Bahima of Ankole*, Oxford, 1964, pp. 22-25. Sur le *kenning*, qui est caractéristique des louanges scaldiques de Scandinavie, cf. Renauld-Kranz : *Anthologie de la poésie nordique ancienne*, Paris, 1964, pp. 12-13. "Le *kenning* consiste à remplacer un mot par une périphrase synonymique, qui peut elle-même à son tour être remplacée par une périphrase." On peut aussi consulter J.L. Borges, 1966, *Essai sur les anciennes littératures germaniques*, Paris, pp. 136-142.

b) par métonymie : **ibugéenda** ou **ubuguru**, pays de la marche à pied ou pays des jambes, désigne le Burundi. En effet, **ruundi** est la racine du mot tibia ; il peut être suggéré par **amaguru**, les jambes, ou le verbe **kugeenda**, marcher.

c) il peut arriver aussi qu'on combine ces procédés entre eux. Voici un cas assez complexe. Au v. 14 de l'**igisigo** 129, le nom propre **Kari-heejuru**, Le-petit-qui-est-en-haut, figure le tambour dynastique **Nyabahiinda**. Comment?

> "Dans ce dernier nom, la racine est **hinda** auquel sont préfixés les éléments d'insistance **Nya** et **ba** : celui qui est par excellence. La racine **hinda** est dans le verbe **guhinda** : tonner. Ainsi le **Nyabahinda** signifie le tonitruant par excellence. En nous proposant **Kari-heejuru**, l'aède nous invite à rechercher le nom d'un être du firmament ayant relation d'homonymie avec un tambour de l'ancien Rwanda. C'est donc une figure synonymique, mais basée sur la figure homonymique"[39].

NOMS FIGURÉS DANS QUELQUES DEVINETTES

Ahó wabéereye wari wáateerera Muhangiro (R) Ikirúnga
Depuis que tu es au monde, es-tu monté à Muhangiro ? (R) Le volcan.

L'énigme repose sur le sens du nom propre **Muhangiro**. Aucune colline du Rwanda ne porte ce nom. Peut-être dans la question semble-t-il évoquer une colline dont l'ascension est difficile, une colline très élevée. La devinette jouerait sur l'opposition qu'il y a entre une colline d'altitude moyenne et un volcan plus élevé[40]. La métaphore serait bien étriquée si elle n'avait d'autres harmoniques.

De **Muhangiro**, on peut extraire la racine **hang** , mot à mot, "regarder à la dépense". Le contraire de cette racine, "ne pas regarder à la dépense", se dit **bur**, avec le verbe **guhabura**. Par antonymie, **Muhangiro** désigne donc le **Muhabura**. C'est le plus impressionnant, par sa masse, des volcans de la chaîne des **Birunga**. Derrière le terme **ikirúunga** de la réponse, il y a donc un volcan précis. Les Rwandais ne s'étonneront pas de cette référence au **Muhabura**. Demander à un habitant du Rwanda traditionnel s'il a fait l'ascension du **Muhabura**, c'est demander à un Athénien s'il a déjà habité sur l'Olympe. Le **Muhabura** est le lieu de séjour des esprits **imaandwa**, des bienheureux, c'est le Ciel et pour cette raison, il était interdit d'y monter.

---

39 Kagame, 1969, p. 180.
40 Dion, 1971, p. 52.

On trouve de même :

> Aho wabéereye watáramye ku Kabuhanda (R) Uburiri bw'umwaǎmi
> Depuis que tu existes, as-tu passé la veillée à Kabuhanda?
> (R) La couche du roi.

Voir le lit royal était un interdit strict pour les Rwandais, celui-ci étant associé à son pouvoir de fécondité. Mais que signifie Kabuhanda ? On y trouve la racine hand du mot umuhanda, le chemin. Kabuhanda : un lieu de passage, et permettant donc le rassemblement. C'est une métonymie pour Karubanda : le lieu de rassemblement par excellence, la place du peuple, devant la hutte royale. La facétie vient de ce qu'on nous fait imaginer le lit du roi sur cette place. Pour les Rwandais, une idée à dormir debout!

Un cas plus simple dont on trouve plus d'exemples :

> Nshuritse umutwé ikuzimú nshooza inká i Mageregere
> (R) Umucaca mu iriba
> Je plonge la tête dans le sous-sol, et je mène les vaches s'abreuver à Mageregere. (R) L'herbe-coulant à la source.

Cette herbe donne prétexte à beaucoup de devinettes. Attachée au sol en plusieurs points et très résistante, elle fait trébucher celui qui s'y prend le pied. Le nom propre Mageregere, qui est repris dans la réponse par la mention d'une source, puisqu'on mène les vaches boire, signifie littéralement le piétinement. On pourrait traduire l'effet du mot en disant : je mène les vaches s'abreuver à Fous-y-le-pied. C'est donc un faux locatif qui permet d'introduire une représentation comique.

On aura encore :

> Rwaaburiǐnga yiivugiye i Bugoyi (R) Isaǎke
> Porte des anneaux déclame au Bugoyi. (R) Le coq.

Imiriǐnga désigne les bracelets de cuivre, fins et parallèles, qu'on portait autrefois aux pieds. Celui qui porte des anneaux aux pieds est appelé dans une autre devinette Rwamirenge : Celui-des-pentes, le Propriétaire-des-collines. L'un et l'autre désignent le coq par un détail figuratif de l'anatomie ou du comportement de Chantecler.

On voit par ces quelques exemples de quelle nature sont les racines populaires de la poésie élaborée et sophistiquée des aristocrates de l'ancien Rwanda. Il n'est pas démontré que les devinettes à leur tour n'empruntent pas à ces genres dans un dessein burlesque, et pour en ridiculiser l'emphase, certaines expressions tenues pour nobles. Le dithyrambe sans réserve renforce l'impression d'insignifiance lorsqu'on a nommé l'objet auquel il se réfère :

Cya Musamaasama cya Munuumanuuma inká z'umwaămi zirasana zírahiira
(R) Ikiyíiko ku mbéehé
Celui de Attrape-attrape, fils de Ramasse-ramasse, les vaches du roi se lancent des flèches et déclament. (R) Une cuillère dans une assiette.

Pour saisir la portée sociale de ces noms propres figurés, il faut rappeler ici certains usages. La substitution d'un nom à un autre est une mesure de prudence. Une femme mariée ne peut, sans enfreindre un interdit grave, prononcer le nom de son beau-père ou de sa belle-mère, non seulement devant eux, mais aussi en leur absence. Pas seulement leur nom, mais aussi les termes qui pourraient servir à les désigner ou les mots dans lesquels on pourrait reconnaître leur nom exact. Elles doivent donc, pour s'exprimer, recourir à des périphrases ou, si possible, à des synonymes de ces noms. Bigirumwami donne quelques exemples : les belles-filles de Ruvuzandekwe, le lanceur-de-lances-fortes, l'appellent Rudáhinyúka, Celui-qui-n'est-pas-infidèle, ou Rutárasw'inyuma, Celui-qui-ne-fuit-pas-en-arrière. Si leur belle-mère s'appelle Nyirárukúundo, elles ne peuvent utiliser le verbe gukúunda, aimer. Elles diront gushiima, rendre grâces[41]. Les devinettes qui emploient des synonymes et multiplient à plaisir les périphrases métaphoriques constituent un exercice préparatoire à cet usage.

AGENCEMENT DES SONORITÉS

Les procédés d'agencement sonore rappellent l'expression poétique[42]. Les devinettes présentent des assonances, c'est-à-dire la répétition à brève distance de phonèmes qui ont des traits communs. On peut aussi avoir une répartition régulière des groupes de mores (voyelles brèves qui constituent l'unité de scansion du vers rwanda). En voici quelques exemples qui se rapprochent de la poésie :

Abáana baanjye baraara báhagaze
bakiririwa bahagaze (R) Inkiǐngi
Mes enfants passent la nuit debout.
passent la journée debout. (R) Les piliers.

Akagabo kamwé gategeka imbagá (R) Urwíiru
Un petit homme seul fait la loi dans une foule. (R) La reine des abeilles.
(Noter l'assonance en g, k, rendue plus facile par l'emploi de diminutifs.)

---

41 Cf. Bigirumwami, 1964, II, 132.

42 E. Köngäs-Maranda, 1969, p. 6, dit : "les énigmes sont une des formes poétiques les plus strictements régulières".

Mvuye ikuzimú	Je viens du sous-sol.
Nkíinze Igihumyo	Je porte un bouclier.
(R) Igihumyo	(R) Le champignon.

(Tout ce qui vient du sous-sol suggère le séjour des morts et représente une menace, rappelée ici par le bouclier.)

Akaa maniimbanimba / Akaa makaacikaaci / Ingoma zó kwaa Makoombe / Zivuga zínihiira / (R) Inyuundo mu ruganda
Ce qui frappe et frappe / Ce qui martèle et martèle / Les tambours de chez Makombe résonnent lourdement / (R) Le marteau dans la forge.

Cette dernière devinette est constituée de trois fragments de même longueur ; le quatrième, plus bref, appelle la réponse.

Cependant, en poésie, les effets sonores doivent toujours demeurer discrets. Le poète ne se risquerait que par maladresse à en tirer une harmonie imitative ou une suggestion matérielle : son intention est seulement euphonique, musicale. Il s'accompagne de sa cithare pour les chants d'**inanga** (cithare rwanda). A l'inverse dans les devinettes, les procédés sonores sont appuyés. Les allitérations sont employées de manière imitative: accentuer le rythme burlesque d'une démarche, faire imaginer la légèreté d'un vol, suggérer la grosseur d'un objet ou d'une personne.

Káajijiinganya karajájaguza (R) Akajambo ka mukeba
Celui qui hésite dit des paroles sans suite. (R) La parole de la marâtre. (Les phonèmes **jiji** et **jaja** aident à évoquer le ridicule d'une personne qui bafouille.)

Kajúgujúgu kaa kamarankoni mu kugúkubita yarákurútaga
(R) Uruyuki
Celui-qui-file-comme-une-volée-de-bâtons, fils de Celui-qui-utilise-des-triques, en te frappant, t'a-t-il vaincu? (R) Une abeille.

Bien d'autres exemples pourraient être cités, qui décrivent le papillon, la femme enceinte ou la boulette de polenta.

En l'absence de cette dimension bouffonne et moqueuse qu'on retrouve un peu partout dans les questions, on n'exagérerait pas en parlant de maniérisme à propos des devinettes.

De ces divers types d'expression, fréquemment employés dans les devinettes, il faut retenir au moins :

- à quel point, considérée quant à sa forme, la devinette s'écarte du langage de tous les jours, et représente un langage surdéterminé ;

- comment la devinette tire partie de certaines formes d'expression pour réaliser une description "tendancieuse" de l'objet en cause.

IV. RHÉTORIQUE DES DEVINETTES

STRUCTURES ET FIGURES

Après l'examen formel des devinettes et un aperçu de la complexité des tournures par lesquelles un sens s'énonce, nous devons les scruter plus à fond sur la manière dont elles sont constituées. La mise en rapport de la question et de la réponse est une opération qui semble mystérieuse et dont les lois échappent au sens commun. Mais ne peut-on au moins envisager la série d'éléments qui nous sont objectivement offerts comme ce que le linguiste appelle un syntagme, c'est-à-dire une combinaison de signes disposés de manière linéaire telle que chaque terme tire sa valeur de son opposition à ce qui précède ou suit[43]?

Prenant en lecture syntagmatique quelques devinettes avec leur réponse, on peut examiner comment se structure ce discours à deux temps, quelle est son unité et à quoi il aboutit. Nous sommes amené à appliquer certaines des lois énoncées par Georges et Dundes[44], mais aussi à les dépasser, à les insérer dans un ensemble plus complet. Métaphores et oppositions apparaissent en effet comme des figures de rhétorique parmi d'autres, dans le discours des devinettes.

Malgré les innombrables travaux en cours (Barthes, Chomsky, Todorov...) un langage scientifique très rigoureux fait encore défaut pour décrire les divers types de relations que peuvent entretenir des mots ou des signifiants entre eux. On est obligé d'utiliser des termes ambigus, qui ne signifient pas la même chose chez tous les auteurs, et qu'il n'est pas possible de ramener toujours à des schémas logiques simples comme : équivalence, contiguïté, disjonction, etc. Mais les expressions de la vieille rhétorique[45] sont assez va-

---

[43] de Saussure, *Cours de linguistique générale*, Ch. 5.

[44] Cf. *Supra*, Ch. 1.

[45] Cf. P. Fontanier, *Les figures du discours*, Paris, 1830, rééd. 1968.

riées pour rendre compte au moins de la diversité des transformations du sens à l'intérieur des devinettes que nous examinons. Plus, les concepts de la Rhétorique classique ont été élaborés pour cerner un discours oral, ou les effets oraux d'un discours qui pouvait être noté par écrit. Notre but n'est pas de mesurer une réalité du Rwanda selon un étalon occidental, comme on plaque parfois sans nuances le schéma féodal sur l'**ubuhake** ; nous cherchons seulement une terminologie aux distinctions fines pour donner un modèle de l'effet des énoncés. Dans son travail sur la dialectique des Barundi, A. MAKARAKIZA indique une douzaine de figures qui sont employées consciemment par les locuteurs, comme la personnification, l'hypotypose, la litote, l'hyperbole (**ukuvuza inkuru**), la métaphore (**ukugereranya**), l'antithèse (**birikubiri**) et la réticence (**ngezaho**) ou interruption brusque de la phrase pour exciter l'interlocuteur à deviner le reste[46].

Pour notre part, nous appliquerons la notion de figure au rapport par lequel, dans une devinette, on passe de la question telle qu'elle s'énonce à la réponse.

DÉFINITIONS EMPIRIQUES

Les plus simples correspondent à des définitions empiriques, dépouillées de toute glose et de toute prétention rhétorique, purement descriptives, ne renfermant aucune malice ni, à quelque chose près, aucun élément métaphorique. Ce peut être une onomatopée : **behu behu**, pour la flûte, **baru baru** pour la foudre.

Kati pyo (R) **Akarábyo**
Il fait 'Boum'. (R) L'éclair.

Ce peut être une description par le caractère dominant de l'objet à découvrir, sa couleur, sa position, sa forme ou son comportement habituel.

Biréera de (R) **Imví y'úmusaaza**
Imihótorá
C'est tout blanc. (R) Les cheveux du vieillard.
Des cordes en papyrus.

Bwigira intúriká (R) **Umunyaga**
Il est prêt à éclater. (R) Un ballot de sorgho.
(On va en effet le plonger dans l'eau pour faire gonfler les graines avant de les utiliser pour la bière ou la pâte.)

---

46 MAKARAKIZA, 1959, pp. 64 s.

Sur ce type de devinettes, deux remarques :

a) il n'y a pas de définition qui ne soit à quelque degré analogique, dès l'instant qu'elle ne fait pas la somme des caractères de l'objet et se contente de tel ou tel, déterminé ainsi dans un groupe donné de locuteurs, comme caractéristique. Par exemple la définition :

Karagátamye (R) Ikigerí mu máazi
Il se tient accroupi. (R) Le crapaud dans l'eau,

tient plus de la caricature que du croquis de zoologiste.

b) le langage n'est souvent rien d'autre que la banalisation de certaines analogies ; ainsi :

Naaguteera amakára y'umuntu (R) Umusatsi
Je te défie : les charbons de bois de l'homme. (R) La chevelure.

Le terme kara sert précisément à désigner en Rwanda la couleur noire.

Parfois une devinette pourra valoriser la dimension analogique d'une expression devenue banale. C'est le cas de cette belle variation sur le verbe "darder" :

Ndashe akaambi ku kaarubaanda
abaǎmi n'abaǎmikazi baratáanguranwa
(R) Akazúuba mu gitóondo
Je lance une petite flèche sur la place et rois et reines s'y précipitent.
(R) Le petit soleil du matin.
(La devinette est amusante parce qu'elle montre des rois en train de se précipiter, ce qui est contraire à leur dignité ; surtout lorsqu'une flèche était lancée, c'est-à-dire en cas d'attaque, le roi devait demeurer immobile pour que son pays ne fléchisse pas.)

Le verbe s'emploie aussi bien pour les rayons du soleil que pour les traits du guerrier.

Ces définitions simples sont elles-mêmes porteuses, dans leur sobriété, de "figures" comme l'ellipse. Quelques-unes relèvent peut-être de la figure hypotypose, qui consiste en ceci : peindre avec vivacité une réalité, de sorte qu'on ait l'impression qu'elle est rendue présente.

Souvent enfin, les définitions simples sont basées sur un trait particulier qui oppose l'objet à toute une classe à laquelle on aurait été porté à le faire appartenir.

Mbyaara abáana bakaryá (R) Abáana b'inkokó
Je donne naissance à des enfants qui mangent aussitôt.
(R) Des poussins.

Duhiingwe rimwé risa (R) Ubushaza
Nous ne sommes cultivés qu'une fois (l'an). (R) Les petits pois.

On entrevoit aisément l'utilité pédagogique de ces devinettes. A la portée des plus petits, elles enseignent d'abord à échanger questions et réponses convenablement, à identifier des définitions, à rapprocher des faits entre eux. On ne trouve pas de très nombreuses devinettes de ce type. Même les devinettes dont l'énoncé ne contient que quelques mots descriptifs emploient le plus souvent des processus de signification plus complexes. Et nous n'essayons pas ici d'aller à la recherche de sens cachés de ces formules simples, mais il faudrait s'interroger sur les raisons de l'emploi du poussin dans la divination, sur l'importance du calendrier agricole et la fixation des époques, entre autres choses.

PLUSIEURS DEGRÉS D'ANALOGIE

Sous les apparences d'une description, on va rencontrer par exemple des devinettes dont la vraie portée est une sorte de petite fable en résumé.

Inda yaasuumye (R) Ikigerí mu matá
Le ventre est devenu énorme. (R) Un crapaud dans du lait.

Rien n'indique que la description donne une piste à prendre pour trouver une réponse. Le jeu est comme truqué, puisqu'avec une seule définition, il faut trouver deux réponses : crapaud et lait. Pourtant, on est bien obligé de reconnaître une cohérence entre des termes qui sont applicables à la question et à la réponse :

caractère vaniteux - valeur du lait - enflure - crapaud avide.

Il y a une sorte d'adéquation préétablie entre les termes ; la devinette est un apologue miniature, et le jeu consiste à en rapprocher les signifiants plutôt qu'à trouver parmi toutes les circonstances qui peuvent faire enfler un ventre celle qui est inattendue et irrévérencieuse pour ce noble breuvage qu'est le lait au Rwanda.

Dans la plupart des items, l'élément étonnant sur quoi repose la question n'est pas descriptif. Il comporte nettement une ou des analogies requérant une interprétation. Beaucoup de devinettes se présentent sous la forme de comparaisons elliptiques. Là où dans certaines langues on pourrait demander : - Qu'est-ce qui est comme... ? ou bien : - Si c'était un (légume, véhicule, vêtement...) ce serait un (chou, avion, gibus...), on a tout simplement chou, avion ou gibus.

Mutaná wa vure (R) Ikírago
Le carquois, celui du côté du lit. (R) La natte.
(La natte sert de couverture ; enroulée elle suggère par ses dimensions et sa forme un carquois.)

La formulation rwanda est évidemment plus énigmatique que : qu'est-ce qui, à l'extrémité du lit, ressemble à un carquois ; elle autorise peut-être plus à rêver à de symboliques combats.

ARISTOTE définit par là la devinette. Elle est à ses yeux une métaphore qui ne serait pas tombée dans le domaine public[47]. Cette manière de s'exprimer en disant "le carquois" pour "la natte" s'oppose en effet à l'usage des métaphores que tout le monde comprend. En français, une "pomme à douche" ne fait pas confusion avec une "poire à lavement". Mais on sera tout étonné d'entendre un Canadien français parler du "moulin à coudre", ou s'excuser de vous "piler sur les pieds", parce que ces images n'ont pas eu de succès sur le vieux continent.

Au Rwanda, quand on dit :

Abakoǒbwa beezá baranága amajozi (R) **Urugoyi rw'ibishyiimbo**
De jolies filles dressent le cou. (R) La floraison des haricots,

on a à la fois une comparaison qui retentit globalement entre les jolies filles et les jeunes pousses, et un jeu sur le verbe **kunága** qui signifie germer, reprendre vie, et également jeter la tête en arrière, comme dans l'expression **kunága ijozi**, appliquée à la danse : danser avec le cou étiré.

On voit donc que la métaphore peut s'écarter à des degrés différents de l'énoncé du sens minimum nécessaire à l'établissement du lien question-réponse. Un bon aperçu des manières d'établir des comparaisons nous est donné lorsqu'on essaye d'établir la liste des questions qui reçoivent pour réponse : **uruyange rw'amashaza**, la floraison des petits pois. On va du trait d'observation ne comportant pas de référence comparative à la notation lyrique fortement valorisée.

Haǎkurya haréera, haǎkuno haréera
Au delà, c'est tout blanc ; en deçà, c'est tout blanc.

Nyamwíizá mu gahiǐnga
La beauté au sommet de la colline.

Ndánze abaǎmikazi batezé inigí
Je vois des reines, elles portent des colliers de perles.

Haǎkurya Nyirábuseneene haǎkuno Nyirabuseneene
Au delà N. (une femme élégante), en deçà N.

Toutes ces métaphores qui comportent une connotation plus ou moins difficile à déchiffrer sont basées sur l'analogie d'aspect d'une chose blanche avec la blancheur des collines au moment de la floraison, ou la similitude de valeur entre une personne aimable, jolie fille ou reine, et les pois, beaux, parceque bons.

---

47 *Poétique*, XXII.

Sur un groupe de devinettes variées, il serait étonnant qu'on n'ait pas une bonne proportion de métaphores, parmi lesquelles on pourra discerner différents degrés d'analogie. Certaines métaphores sont des comparaisons qu'on pourrait dire équilibrées. Quand on dit :

> **Mfite abáana baanjye baturuka amazúuru** (R) **Inkúrakúra**
> J'ai mes enfants, ils ont le nez rouge. (R) Le pluvier à caroncules,

on a mis en équilibre nez et beç d'oiseau (qui est rouge chez le pluvier). Ce type de métaphore repose sur une égalité reconnue entre le référent et le référé de la comparaison. La devinette :

> **Kiriisha amazúuru** (R) **Umuvuba**
> Il mange avec son nez (R) Le soufflet de forge,

repose sur une comparaison bien connue. Le soufflet, percé de deux trous apparents à son extrémité, ressemble à un gros nez. Un dicton rundi :

> **kurekura ibizúuru nk'umuvuba**
> avoir le nez long comme un soufflet,

donne une idée de la fréquence de la métaphore. Mais il y a déjà plus. La pointe amusante vient ici d'un "comble" énoncé au passage : avaler par le nez serait le signe d'une gloutonnerie extrêmement malséante. La devinette est donc simplement l'utilisation inversée d'une métaphore souvent employée. Au lieu de nez comme soufflet, on a dit nez pour soufflet.

Voici une devinette qui combine deux métaphores et la description non analogique d'une circonstance où l'on rencontre l'objet :

> **Gaheereję ingabo gása na Kigeri kágarutse gaherekeza amasaká**
> (R) **Agasúka gasukíira**
> Elle montre son bouclier, elle ressemble à Kigeri, et revient en accompagnant le sorgho. (R) Une petite houe pour sarcler.

La question montre un objet qu'on n'a pas beaucoup de peine à reconnaître ; la métaphore est explicite au point d'utiliser le terme **gasa** : elle ressemble à... (Kigeri est un roi guerrier).

ANALOGIES VALORISÉES

Bien souvent, et c'est déjà le cas dans la dernière devinette avec le nom royal **Kigeri**, les métaphores utilisées ou inventées pour la circonstance sont surtout le moyen de transmettre un contenu de valeur. Il n'y a pas d'homogénéité rapidement repérable entre le référent et le référé. L'un appelle l'autre par une voie survalorisée, dépassant les apparences. Quand on dit :

Bateze ibiságe bóose (R) **Imisatsi y'ibigóori**
Tous portent des mèches. (R) Les cheveux du maïs,

on énonce apparemment une métaphore très banale. D'innombrables devinettes comparent les fibres qui terminent l'épi de maïs à son sommet à des cheveux, à une barbe au vent, à des poils diversement localisés, mais ici la remarque est relativement restrictive. Elle décrit le maïs quand il est humide. Elle dit une chose étonnante : tous portent cette sorte de coiffure, alors que parmi les humains, seuls les enfants la portent, en bas âge (mèches grasses tout autour de la tête ; aujourd'hui un petit toupet au sommet du crâne a remplacé cette mode). Finalement la devinette dit surtout : au Rwanda on aime beaucoup le maïs comme on aime les petits enfants qui ont cette coiffure sage.

Lorsqu'on déclare :

Mboonye umugore wiijúse (R) **Umugoré utwíte**
Je vois une femme rassasiée. (R) Une femme enceinte,

le volume abdominal auquel on pense tout de suite comme égalité à établir entre le fait d'être rassasié et le fait de porter un enfant, n'a que bien peu d'importance. Ce qui compte c'est la représentation des rapports sexuels qui est sous-jacente à cet énoncé : une nourriture donnée au ventre. Pour l'homme il ne s'agit pas d'une expression imagée, mais d'un devoir conjugal. La description n'est pas faite dans l'ordre des caractères externes, mais dans l'ordre de la finalité profonde. La grossesse passe pour le résultat d'une "alimentation" qui a réussi. C'est cela qu'il faut trouver pour répondre correctement. C'est à cause de cela que nous disons que la définition ou la description, qu'elle soit très métaphorique ou à peine analogique, renvoie surtout à des contenus valorisés.

N'omettons pas enfin de prendre en considération certaines métaphores qui, du fait de leur usage très fréquent, ne véhiculent pas une image frappante, ce qui ne signifie pas sans valeur, au contraire. Beaucoup de questions décrivent analogiquement une action ou une position en prenant pour sujet un personnage ou un objet conventionnel :

Abáana baanjye, Só, Nyoko, Sogókuru...
Mes enfants, ton père, ta mère, grand-père...
Inká yanjye... les verbes au pluriel avec préfixe **zi-...**
Ma vache... les vaches...
Umwami, abáana b'umwaămi...
Le roi, les enfants du roi...
Umusózi...
Une colline...,

sont les passe-partout les plus fréquents. Il semble qu'on puisse les utiliser toutes les fois qu'on n'a rien de plus précis sous la main pour construire la question. Mais ne nous y trompons pas. Même par ce moyen très discret, un contenu valorisé est transmis ; en voici encore un exemple qui porte sur le maïs :

Inka yaanjye ndayíbaaga igakwiiza abagoré baanjye boose inkáanda
(R) Ikigóorigóori
Ma vache, je la dépèce et elle fournit des jupes à toutes mes femmes.
(R) Le maïs (recouvert de plusieurs feuilles).

La comparaison vise à souligner une valeur aussi grande du maïs que de la vache dans la vie du Rwanda. Les équivalences établies entre la vache et des produits agricoles doivent toujours nous rappeler que, dans la vie réeele, cette équivalence n'est pas reconnue, tout au contraire. Inutile de multiplier les exemples, on les trouve à foison.

ÉNONCÉS RESTRICTIFS

Beaucoup de devinettes se présentent sous la forme d'un énoncé restrictif. D'un mouvement rapide la métaphore qui venait d'être posée est éludée ou renversée.

Cyasamye kitaryaaná (R) Ikiryáango cy'inzu
Bouche bée, ne mange pas. (R) L'entrée d'une maison.

Birafoora ntibírase (R) Ingoto y'umugabo
Il tend (l'arc), mais ne lance pas de flèches. (R) La pomme d'Adam.

Gaciika gásubirahó (R) Urwara
Il est coupé, mais il repousse toujours. (R) L'ongle.

Naaguteera ikivúga kitagirá umunwa (R) Ingoma
Je te défie : ce qui parle sans avoir de bouche. (R) Le tambour.[48]

On reconnaît là le moyen de définir une chose en l'opposant à toutes les autres d'une classe donnée. Tout ce qui est vivant meurt en étant coupé, sauf ... l'ongle, les cheveux, certaines herbes. Ce qui n'a pas de bouche ne peut parler, sauf... Ce schéma qui repose sur l'observation de paradoxes dans les classifications plus ou moins implicites du langage se retrouve fréquemment dans les devinettes complexes. Ces formes sont identiques à celles qu'on trouve en anglais ou en français :

Qu'est-ce qui tourne sans bouger ?(R) Le lait (français)
La route (anglais)

---

[48] Cette question s'oppose terme à terme à une devinette lozi :

Una nimulomo kono habuleli (R) Kicika
Il a une bouche et ne parle pas. (R) Le mortier (dont le nom est issu ou homonyme de la racine -cik-, "se taire").

La restriction peut être exprimée non plus par rapport à une caractéristique de l'objet, mais par rapport à sa place dans le temps :

> Dusetza túzanduranya (R) Umupóorisi
> Maintenant nous rions, un jour nous nous disputerons.
> (R) Un policier.
>
> Urakíiréengagiza uzáakaryá (R) Igitooki cyo muu ngemu zaaraaye
> Tu le dédaignes, mais tu le mangeras (R) Des bananes dans les provisions de la veille.

C'est encore selon le même type de restriction que plusieurs devinettes expriment le paradoxe des objets parallèles : ils sont voisins, mais ne se rencontrent pas. Le procédé restrictif est donc très fréquent dans les définitions. Dans les devinettes du Rwanda comme d'ailleurs c'est un moyen habile de présenter une réalité avec précision, mais en faisant l'ellipse de tout l'aspect habituel des réalités ainsi présentées, et en faisant fi des classifications pseudo-logiques que le langage introduit dans la réalité.

DES DEVINETTES COMPLEXES ET DE LEURS «FIGURES»

La plupart des devinettes du Rwanda sont bien plus complexes que les exemples qu'on vient de mettre en vedette. L'inventaire des procédés de dénomination fait au chapitre III suffirait à nous en persuader. Pour en dégager les structures, il faudra être attentif à une panoplie étendue de phénomènes. On tâchera d'abord de ramener les énoncés à d'autres plus simples toutes les fois que cela sera possible. Beaucoup de devinettes d'allure complexe sont simplement enjolivées ou transformées. Un item plus rudimentaire se lit encore sous sa nouvelle présentation.

D'autres sont moins faciles à saisir. Les éléments analogiques ou restrictifs y sont mêlés à d'autres modes d'expression : lorsqu'on peut encore les reconnaître, ils ne sont plus chimiquement purs. La structure de ces devinettes n'en est pas moins réelle et précise. On peut la plupart du temps la décrire par sa ressemblance avec les figures du discours.

Littéralement, des devinettes complexes comprennent des formules rhétoriques souvent stéréotypées : la référence à une action de celui qui pose la question, la prise d'une décision, la précision d'un nom propre fictif. On peut se passer de cette précision sans altérer le sens général de la comparaison.

> Natéeye igití keěra n'ǔbu ntikiraazana (R) Inkoni
> J'ai planté un arbre autrefois ; jusqu'ici, il n'a pas pris.
> (R) Un bâton.

Cette formulation est facilement réductible à plus simple :

Un arbre qui n'a pas de racines (R) Un bâton.

Quand on dit :

Indiimbati ya Bukobwe irarya ntíinywa (R) Ururoondwe
Trapu, fils de Résistant mange mais ne caque pas. (R) La tique.
(parasite qui se glisse sous la peau du bétail),

les noms propres aident à préciser qu'il s'agit d'un animal robuste et combatif, mais ces précisions ne sont pas indispensables. Elles constituent une autre définition. On a une description métaphorique par les noms propres et une autre par l'articulation en forme de restriction. Elles sont jointes ici, de sorte que l'amusement qui en résulte est sans doute plus grand, mais elles ne sont pas inséparables. La plupart des devinettes qui commencent par des formules comme naaguteera, "je te défie", igira inyuma y'inzu, "passe derrière la maison", naamá arusha nyoko, "ma mère dépasse ta mère", etc., sont aussi intelligibles sans cet élément de refrain qui est moins utile dans la définition comme telle que pour relancer le jeu, lui donner du mouvement, et permettre des associations par la mémoire.

On aura toujours intérêt, lorsqu'on veut interpréter une devinette, à tenter d'isoler le noyau de signification : une analogie simple, une définition par restriction ou une pure description. Cela permet d'organiser des éléments qui se greffent sur ce support de façon plus rigoureuse, et de saisir par exemple des usages particuliers de ces formules. Ainsi le schéma descriptif pourra souvent être utilisé fictivement, pour rendre les devinettes plus spirituelles. Tel est le cas par exemple des items comportant des allusions sexuelles.

Des formules complexes sont parfois trop spécifiques pour être ramenées à un petit noyau type. Mais elles sont construites à plus grande échelle sur des schémas qui rappellent ces types. Sous forme d'un tissage lâche, c'est le même dessin, qui se présentait jusque là de manière serrée. Dans cet item :

Imfíizi yaanjye twaǎyibaaga ntítwakuurahó n'inyama n'iǐmwe
(R) Nyirámaniǐngiri
Si on dépeçait mon taureau, on n'aurait pas de viande du tout.
(R) Une puce (d'une espèce particulièrement petite),

on saisit aisément le schéma restrictif. Parmi les taureaux qu'on peut dépecer, certains sont sans viande. Mais il faut transposer "sans viande" d'un animal très gros à un animal très petit. "Taureau" est employé par antiphrase. Les paragraphes qui vont suivre regroupent autour de quelques figures simples des exemples qui nous ont paru typiques.

HYPERBOLE

Le jeu sur l'opposition / très gros - très petit / se trouve dans de nombreux items. L'hyperbole, figure du discours par laquelle on dit le plus pour le moins, et son corollaire l'euphémisme par quoi l'on exprime le moins pour désigner le plus (en français : une pincée pour une fortune, une bagatelle pour une grosse dépense), constituent un trait caractéristique des devinettes du Rwanda. L'amusement résulte de la disproportion entre les prétentions de l'énoncé et la minceur du résultat.

> Baseenyé ibikiǐngi by'amaréembo Rutamu yaanze gukwíirwamó
> (R) Nyiramaniǐngiri
> Qu'on ôte les poteaux de l'entrée, Rutamu ne peut pas passer.
> (R) Une puce (très petite et rouge, comme l'indique le nom du taureau Rutamu).

Autre exemple où l'hyperbole n'est qu'une partie du plaisir :

> Nkaandagiye Urwaanda rurahǔbaangana (R) Inyoni ku rutúmbwé
> Je marche sur le Rwanda et il tremble. (R) Un oiseau sur une herbe (d'espèce très frêle).
> (*Remarque* : Urwaanda, le pays qui s'étend, est une hyperbole pour urutúumbwé ; mais en même temps, il y a continuité entre le référent et le référé, l'herbe et la terre peuvent se désigner l'un l'autre par synecdoque. De plus les deux termes ont des homonymes qui entretiennent entre eux des rapports de synecdoque : Urwaanda comme augmentatif de umwanda signifierait un grand délit, et urutúumbwé signifie un gros pet! Or, comme on le verra plus loins, au chapitre 7, le pet représente une transgression néfaste.)

Des noms propres fictifs comme Rukubá, Le-foudroyant, Rugirá, Le-grand-espion, Rwaatangabo, Le-briseur-de-boucliers, désignent des insectes, des champignons ou de menus objets.

> Rutumbye rubyibushe Rutamu rw'i Bugaǎnza (R) Ururoondwe
> Gonflé et gras, le gros taureau fauve du Buganza. (R) Une tique.

L'hyperbole peut aussi porter sur toute une description :

> Mpagaze aha mbona umusore w'i Gisaká asómera ǐgisaté
> (R) Umurábyo
> Je me tiens ici et je vois un jeune homme du Gisaka qui prend une gorgée de lait avec de la pâte. (R) Un éclair.

Le geste bref désigne l'éclair, mais l'hyperbole n'est pas gratuite, car le Gisaka représente par antonomase les lointains, et le pays des jeunes hommes foudroyants, des guerriers valeureux dont on disait qu'ils se préparaient au combat dès l'enfance[49].

---

[49] Cf. Abasóre b'i Gisaka barasana bákiri bató (R) Igisura
Les jeunes hommes du Gisaka se lancent des flèches dès leur tendre enfance. (R) Une sorte d'ortie.

L'emploi des hyperboles caractérise des devinettes généralement assez faciles à interpréter. Elles sanctionnent les abus de langage des fiers à bras, des prétentieux, par des caricatures et des fables en raccourci. On a déjà rencontré le crapaud tombé dans du lait. C'est aussi la chenille ou la courge qui s'enorgueillissent d'avoir des poils :

Icy'ubwoǒya icy'impweempwe cyaagarika impaanga mu mpiinga ya Bwáanacyaambwe (R) Umwungu mu nshoǒce
Le-poilu, le-velu-sur-la-poitrine laisse traîner sa tête au sommet du Bwáanacyaambwe. (R) Une courge sur un champ cultivé. (Le Bwáanacyaambwe, au centre du Rwanda, est une région très importante dans le rituel royal.)

Ou encore c'est l'igname qui, pour la même raison, va trouver le roi et lui demande le plan de bataille pour sauver le pays.

ANTIPHRASE

On a déjà remarqué des énoncés qui emploient un terme pour suggérer le contraire de ce terme. L'antiphrase peut concerner tout un énoncé. Tel est le cas de cette question moqueuse à l'égard de la perdrix :

Kirakúunguuta bikomo (R) Agakwaǎre ku mugina
Elle déploie des ailes hérissées. (R) Une perdrix sur une termitière.

La réponse est surprenante et tourne en dérision la perdrix, symbole de la peur et de l'hésitation. La question aurait fait penser plutôt à une grue couronnée ou à un oiseau de proie.

Le rapprochement antithétique est souvent déconcertant :

Naaguteera ingarikabigaanza (R) Ingasiire
Je te défie : ça tend les mains ouvertes. (R) La meule mobile.

Cette petite pierre toute ronde répond·ailleurs à la même définition que la boule de polenta (ibúumbabúumba), ne suggère en rien une main ouverte. Or le même nom -garikabigaanza désigne dans d'autres devinettes, tantôt l'abreuvoir, tantôt une grande feuille de courge, tantôt le toit de la maison, toutes choses qui couvrent une surface assez étendue, déployée en forme de réceptacle[50].

---

[50] Cf. Naaguteera inká yiitwá Bigarikabigaanza núuyimenyá ndagúheemba Ikibúumbiro
Je te défie : la vache qui s'appelle Etend-les-mains-ouvertes, si tu la connais, je te récompenserai. (R) L'abreuvoir,

ou encore :

Naaguteera ingarigari naaguteera ingarikabigaanza (R) Igisenge cy'inzu
Je te défie : ce qui déborde ; je te défie : ce qui étend les mains ouvertes. (R) Le toit de la hutte.

Le fait que la petite meule soit considérée comme un talisman porte-bonheur pour la maison ne justifie pas non plus cette définition "renversée".

Le procédé de l'antiphrase ne doit pas nous surprendre. Il est assez fréquent dans les langues bantoues[51] et, d'une manière générale, il nous semble caractéristique des langages oraux[52]. L'expression renversée est poussée à l'extrême dans cette devinette :

> **Umukeěcuru mubí ní uwaménnye ibaanga** (R) **Igipfaamatwi**
> La vieille femme méchante, c'est elle qui a trahi le secret.
> (R) Une sourde-muette.

La devinette joue sur le double sens de l'expression **Kuména ibaanga**, "se couvrir d'infamie" et aussi "dévoiler un secret". Un jugement collectif est porté sur celui ou celle qui n'a pas de parole, et il est formulé par le seul défaut qu'on ne peut pas reprocher à cet être humain. **Ibaanga** signifie mot à mot "un détour".

MÉTONYMIE

Souvent les énoncés sont rendus complexes à saisir et à analyser du fait de l'emploi d'une autre figure : la métonymie. Pour donner un tour plus suggestif et percutant à la pensée, on peut désigner un tout par sa partie, une cause par son effet, un individu par sa fonction, ou un objet par la matière dans laquelle il est fait. On peut se servir dans les énigmes de ce procédé qui est généralement le signe d'un langage recherché, pour masquer la pensée.

> **Ruvúuzo iravúga ikibuǔmba** (R) **Inzogera mu kibiǐndi**
> Couleur-de-lie dit ses hauts faits sur l'argile. (R) La bière de sorgho dans la cruche.

Cette devinette emploie une métaphore : **iravúga**, "dire des hauts faits". C'est l'image de la fermentation, qui est bruyante. Mais on a aussi deux métonymies : un nom propre qui ne retient que la couleur, et un nom de matière pour désigner le récipient.

> **Ziravuga i Nyamirama** (R) **Inshuǔnzi mu cyaǎnsi**
> Elles s'expriment à **Nyamirama**. (R) Les jets de lait dans le pot.

---

51 Ainsi cette devinette lozi :
Kokataha akililata kono akabondwi (R) **Kimoya**
Où il apparaît il n'y a pas de bruit, mais on ne le voit pas. (R) Le vent. ("Il n'y a pas de bruit" est mis pour "il y a du bruit".) On trouve fréquemment cet usage dans les **ebyebugo** des Bahima ; cf. Morris, 1964.

52 En français parlé (vulgaire), il revient au même de dire : t'es fou, et: t'es pas fou ; fais gaffe, et : fais pas gaffe (attention), etc.

Outre l'ellipse du sujet, très banale (les vaches), on a l'emploi d'un nom propre constitué du préfixe Nya, celui par excellence qui... et la racine ramá qui désigne une espèce d'arbre, dans laquelle on taille habituellement les pots à lait. Métonymie de la matière. De la même façon, on pourra désigner des nattes comme ce qui est à Bikangaga, parce qu'elles sont fabriquées à partir de l'herbe urukáangagá, et le toit de la maison comparé au bouclier de Bigaagá, parce qu'il est fait en herbes ibigáagá, une sorte de roseau.

Dans l'énoncé :

> Heepfó bireenge, haruguru bireenge (R) Amano y'inaanga
> En bas les pieds, en haut les pieds. (R) Les cordiers de la cithare,

on joue à la fois sur une catachrèse, les extrémités de la cithare étant appelées des orteils -no, et sur une métonymie, le tout (pied) pour la partie (les orteils).

Un domaine privilégié pour ces sortes de rapprochements est l'univers de la vache. Par métonymie, un caractère de la vache peut en désigner énigmatiquement un autre. On trouve des rapprochements surprenants :

> Biheěmbe irakámwa (R) Umwuumaano w'isháashi
> La-haut-encornée donne beaucoup de lait. (R) Une génisse qui va mettre bas.

Ou bien cette devinette :

> Nshooye imwé nkuura ebyiri (R) Amatá n'amavúta
> J'en conduis une seule à l'abreuvoir et j'en ramène deux.
> (R) Le lait et le beurre,

où l'on voit que la vache peut être l'image de son produit!

Mais la division rigoureuse du champ sémantique de la vache demande de plus amples explications, d'ordre symbolique. La métonymie suffit rarement à épuiser l'explication des liens qui se nouent entre la question et la réponse.

CAS PARTICULIER DES NOMBRES

FIGURE DE GRADATION

Plusieurs devinettes ont été recueillies qui utilisent des nombres pour opérer des classements et des comparaisons. Dans plusieurs cas ces nombres ont une signification. On a déjà souligné le goût des Rwandais pour les objets symétriques et ce qui va par paires. Ceci s'oppose à leur méfiance à l'égard de ce qui est isolé et représente le chaos. Un seul bananier sur une colline suggère le bandit ; un seul vieillard ou un seul cultivateur isolé dans un champ suggère la mort :

Batwíiké aka gasózi harihó uwanániranye (R) **Insína ku gasózi**
Qu'on brûle cette colline, il y a là un récalcitrant. (R) Un (unique) bananier sur la colline (donc hors de la bananeraie).

Ni jye muziindutsi wa cyaane nasáanze ahó umuzímu yiizíbagura
(R) **Umuhíinzi umwe**
C'est moi qui suis très matinal, j'ai trouvé l'endroit où l'esprit d'un mort se frappe violemment. (R) Un seul cultivateur.

Certaines devinettes emploient des nombres non pour leur valeur numérique, mais pour leur valeur symbolique. Au Rwanda, huit est le chiffre de la perfection, sept le défaut, et neuf l'excès de perfection. Cinq se retrouve dans quantité d'expressions : la grue a cinq huppes, le serpent se love en cinq :

Mfite inzira ndende iyó nshaatsé nyikubamó inshúro eshaanu
(R) **Inzóka**
J'ai un sentier très long. Quand je veux, je le plie en cinq.
(R) Un serpent.

Cinq est le nombre maximum d'une numération simple. A côté on trouve cent (**amagana**), mais cela représente la richesse et la plénitude. Ainsi l'épi de sorgho sera surnommé **Rwenda-ijana** : celui qui prend la centaine. Lorsqu'on compare le maïs à une vieille femme qui porte **imirwa munani**, huit collines royales sur son épaule, on a dit principalement que le maïs est une plante excellente. Le grenier, pour la même raison, a généralement huit pieds, et le jeu de tric-trac **igisoro** consiste à jouer avec des multiples de huit (64 pions dans 32 cases, dont 8 permettent des doublés).

Mais les devinettes s'expriment aussi au moyen d'autres nombres. On peut parfois reconnaître dans le nombre énoncé tel ou tel trait de l'objet qui a trois trous, quatre pattes ou coûte cinquante francs. Mais la plupart du temps, le nombre pris isolément reste incompréhensible. On pourrait le changer sans changer la portée de la devinette, pourvu qu'on respecte le rapport qu'il entretient avec d'autres.

Inyabuné Inyábutáanu zăgiiye kuuzana Inyábutáandátu kwaa Magana-aríindwi
(R) **Injíishi z'ígisaabo**
Le-quatre, Le-cinq, sont allés mener Le-six chez Le-sept-cents.
(R) Le cordage (pour suspendre) la baratte.

Inyábutátu ya Bútaanu yagíiye gushaaka kwaa Miroongo itaanu
(R) **Igitágaangurirwá**
Le-trois, fils de Le-cinq, est allé chercher Le-six chez Le-cinquante.
(R) Une araignée.

Naaguteera Inyábutátu Inyábutáanu Inyábutáandátu ikazaajya kuuzana inyábutáanu kwaa Miroongo itatu (R) **Ishavú n'agahiinda**
Je te défie : Le-trois, Le-cinq et Le-six iront porter Le-cinq chez Le-cinquante. (R) La peine et le chagrin.

Que ce soit pour illustrer la multiplicité des mailles du filet de la baratte, le travail incessant de l'araignée, ou les ravages croissants de la douleur morale, les nombres employés sont significatifs par la figure qu'ils composent en leur agencement particulier. La rhétorique l'appelle gradation. Mais n'oublions pas que la numération appliquée à des êtres animés peut entraîner des conséquences d'ordre magique. Dire le nombre de vaches que l'on possède, c'est s'interdire d'en posséder plus. Il est fort discourtois de demander à un père ou une mère de famille le nombre de ses enfants. Lorsqu'on voit les devinettes énoncer sans vergogne autant de chiffres, on ne peut douter que ce jeu s'installe à plaisir en dehors des interdits et des tabous.

L'ALLUSION

Il y a encore d'autres procédés formels qui visent à donner un signifié par un signifiant détourné. L'un d'eux rend notre tâche d'élucidation très ardue. C'est l'allusion.

> "Dans les poèmes du Rwanda, il est courant de voir que les noms de rois ne sont pas mentionnés, mais qu'on cite le nom de leur capitale à leur place. Ainsi on parlera de Kiganda pour faire allusion à l'endroit où le roi Ndahiro du Rwanda fut tué".[53]

On trouve ce phénomène dans de nombreux proverbes et dictons. On parvient à les éclairer par des mythes et des contes. Ainsi l'expression :

> **Gishúubi níwé wakáanze Ruteenderi**
> C'est Gishubi qui a effrayé le taureau,

s'explique comme suit : il s'agit de **Gafoǒma**, enfant mal venu, surnommé **Gishúubi** parce qu'il s'est caché dans un arbre **umushúubi**, qui effraya le taureau découvert par le roi mythique **Giháanga**. C'était le premier taureau du Rwanda. **Gishúubi** est devenu le type de l'indiscret ou du peureux qui, par sa maladresse, fait échouer une bonne affaire[54]. Il en va de même pour les devinettes :

> **Akéebo ka Déedé Kariiranó Déedé wéenyiné** (R) **Umwoobo w'inzóka**
> Le petit pot de Dede, Dede est le seul à y pleurer. (R) Le trou d'un serpent.

---

[53] VANSINA, 1961, p.64. Le but de ce détournement de sens est de dissimuler une défaite.

[54] DELMAS, 1930, pp. 945-46. Voir aussi des explications de dictons dans les contes historiques rapportés par GAKANIISHA ; COUPEZ et KAMANZI, 1962 :
III, 59 : l'**umusiǐndi** a franchi la frontière
III, 68 : le témoin n'est pas loin, il est à **Kinyaǎmbi**
ou V, 10 : te confier une mission, c'est confier une misson à Turagura.

On trouve dans plusieurs devinettes l'expression "pot de Dede". Dede représente un objet unique, une personne unique, mais pas solitaire ou néfaste, comme le sont habituellement les êtres uniques. On désigne ainsi les affaires personnelles du roi, et on ne les nomme pas autrement. Le terme n'a aucune connotation péjorative ou vulgaire ; on le trouve dans la poésie lyrique.

L'énigme allusive peut renvoyer à un fait historique, comme c'est le cas dans cette devinette du Burundi :

Naaguteera ibisáakuzo byaa Nyirasapfu (R) **Amafuni mu rukoro**
Je te défie : l'énigme de Nyirasapfu. (R) De vieilles houes dans la lave.

Cette évocation triste n'est intelligible que de ceux qui se souviennent de la famille des Abasapfu et de leur histoire - largement légendaire -. Cette famille Hima n'eut qu'un seul survivant après qu'on l'eût persécutée[55].

Dans le cas de devinettes régionales, l'allusion à l'histoire peut être voulue pour son effet propre :

Abagwabiro bashinze intéeko (R) **Umucaca**
Les Bagwabiro sont plantés en ligne. (R) L'herbe coulant.

Les Bagwabiro sont une famille du Bugoyi (province d'origine de cette devinette recueillie seulement par BIGIRUMWAMI), issue du Nduga, au Rwanda central. Les traditions rapportent qu'ils défendirent énergiquement le Bugoyi contre les invasions étrangères des "rougeauds" et des "muets" venus du Kivú[56]. Les comparer à l'herbe coulant, c'est dire leur ténacité, cette herbe ayant la propriété de faire trébucher les passants.

Il va de soi que toutes les devinettes qui emploient des noms de rois, de clans ou de régions, ne pratiquent pas nécessairement l'allusion. Il ne faudrait pas prendre toutes les mentions d'animaux-totems pour des allusions aux clans dont ils sont les insignes. Dire : **kuu ngoma ya Gahindiro**, sous le règne de Gahindiro n'est pas plus allusif à des faits précis que l'expression française "remonter au déluge" ne vise un événement précis. Si l'on trouve si souvent la mention de ce roi pour désigner une époque révolue, c'est qu'il est le dernier roi **Yuhi** du dernier cycle royal totalement achevé. Le cycle **Rwoogéra-Musinga** n'ayant pas été achevé à l'époque où les devinettes qu'on étudie ont pris la forme qu'on leur connaît, on désignait la nuit des temps de cette façon.

---

55 RODEGEM, 1970, p.398.

56 PAGÈS, 1931 : Un curieux épisode d'histoire : incursion dans le Rouanda des "muets" et des "couvreurs de toits en terre", in *Anthropos*, Freiburg, pp. 261-263.

> **Niĭkoreye inkangara kuu ngoma ya Gahindiro na n'uŭbu síndáayiĭtuura**
> (R) **Umutwé**
> J'ai porté un panier sous le règne de Gahindiro et jusqu'ici je ne l'ai jamais déposé. (R) La tête. (Les Rwandais transportent toujours les paniers sur la tête.)

Mais l'allusion peut aussi se présenter de manière fictive et trompeuse. Plusieurs devinettes nous rappellent les combats des rois **Mutára** (du Rwanda) et **Mutáaga** (du Burundi). Par exemple :

> **Aho Mutára na Mutáaga baărasaniraga haăciitse ubuŭkumba**
> (R) **Urwóogerezo**
> Là ou Mutara et Mutaga se tiraient à l'arc, l'herbe ne repousse plus.
> (R) Le lavoir.

Ce qu'elles ne précisent pas à l'oreille naïve, c'est que ces combats n'eurent jamais lieu. Un conte du Burundi[57] nous montre en effet comment Mutara avait trouvé le moyen de se débarasser de son adversaire en lui donnant sa fille Inabizoza, l'Empoisonneuse, qui se chargea de le rendre inoffensif. Les noms sont donc rapprochés pour le plaisir de la paronomase (comme on dit : citoyens, citoyennes...) et de la moquerie à l'égard des naïfs qui croient que la haine s'exprime ouvertement. Il faudrait ajouter à cela un autre type d'allusion beaucoup plus difficile à repérer, mais plus fondamental comme "figure" de devinette : le cas où la devinette a un sens qui peut être appréhendé assez facilement pour ne pas inviter à en appeler à un autre sens. On trouve par exemple plusieurs items qui décrivent le vent comme une chevrette qui fuit.

> **Gaju irashúbeera** (R) **Umuyaga mu mukeenke**
> Gaju s'esquive. (R) Le vent dans les graminées.

> **Gatamu iraréembera ku Bisí n'iyaăyo** (R) id.
> Gatamu disparaît sur les Bisi avec son petit. (R) id.

La fraîcheur de l'image poétique de la chèvre qui se sauve avec son petit dans la montagne (les Bisi) pour désigner le vent peut nous abuser, car le lien métaphorique n'est pas la seule justification du rapprochement. On est en présence d'un emploi allusif du nom **umuyaga** qui, dans les contes, est le surnom du léopard[58]. La chèvre détale parce que le léopard est proche.

Mais on a intérêt à distinguer la relation qu'il y a entre le léopard et le vent de l'allusion au sens strict. Il s'agit d'un lien plus complexe et qui engage plus profondément les rapports entre signifiants et signifiés. On reprendra le problème en examinant la connotation des devinettes.

---

57 ZUURE, 1932, p. 273

58 PAUWELS, 1960, p. 312.

L'ANTONOMASE

Cette formule qui est le point de départ de la plupart des effets des noms propres à contenu burlesque, caratérise aussi l'emploi de quelques noms propres de rois, de personnages ou de lieux. Un individu célèbre par une qualité ou un défaut sert à désigner tous les individus qui lui ressemblent (en français, un Don Juan, par exemple).

Tabaara Rugaǎnzu yiikoreye idebe (R) **Isihá**
Porte secours à Ruganzu, il transporte une bassine sur la tête.
(R) Un rat de Gambie.

Ruganzu, nom d'un grand roi conquérant et malicieux - dans la renommée qu'il acquit - est employé ici par antonomase, pour désigner tout individu courageux ou téméraire, comme ce rat voleur, dont le nom désigne à son tour par catachrèse un voleur. De la même manière, on dira **Ndíiza** pour désigner une colline ; dans de nombreux endroits du Rwanda en effet, on retrouve ce nom de lieu donné à de moyens sommets.

LE CHIASME

On trouve même cette figure, qui consiste à opérer un croisement dans la disposition des termes énoncés.

Rukara irajegeza umudeěnde (R) **Urushíishi ku igúfa**
Rukara fait tinter sa clochette. (R) Une fourmi sur un os.

L'hyperbole grosse vache -- petite fourmi, est disposée à l'inverse de l'euphémisme : clochette -- os. C'est de ce croisement que vient l'amusement. On trouverait bien d'autres figures encore en scrutant attentivement les énoncés, qui se plaisent à entrecroiser les fils des significations. Dans cette devinette :

Cyahiye mbatamá (R) **Ingáta mu ruhíirá**
C'est cuit et ça colle. (R) Un coussinet dans le brûlis,

outre un jeu de mot sur **mbatamá**, qui signifie "attacher au plat sous l'effet d'une cuisson trop vive", mais aussi "flatter" ou "s'aplatir", "être collant", comme dit vulgairement le français, la réponse inverse l'ordre des idées de la question : cuisson - platitude s'oppose à platitude - cuisson (totale)!

Les opposés peuvent aussi se trouver dans le même membre de la devinette. On est assez proche alors de la figure appelée "paradoxisme", comme dans cette formule :

Hagarara muu mpíinga uhamagara wáa mugabo w'úrugangaazi uti : Minyáruko ya Nyamikeenke aragúsize (R) Amatá n'umutsíma
Tiens-toi sur un sommet et dis à cet homme qui traîne : Le-rapide, fils de Graminée te quitte. (R) Le lait et la pâte.

Les graminées symbolisent ici la légèreté. La mise en scène des personnages n'est qu'un artifice pour amener ensemble dans la question des catégories opposées : rapidité et lenteur. La réponse doit fournir deux élements correspondant à ces catégories qui soient habituellement associés. Le lait et la pâte, de sorgho ou de manioc (variante : la pâte et la viande) sont rapprochés dans de nombreuses réponses de devinettes.

Inutile de multiplier les exemples de figures ; l'important est d'apprendre à les reconnaître et d'en saisir la portée. Tentons plutôt de récapituler ces modes de liaison entre des faits qui ne sont pas toujours proches.

La devinette peut se présenter comme :

une définition analogique

- simple ou complexe
- équilibrée ou valorisée
- avec ou sans restriction

un complexe avec une figure qui peut être seule ou combinée à d'autres

- une hyperbole
- une antiphrase
- une métonymie
- une allusion
- ou toute autre figure.

On fera bien sûr les rapprochements qui viennent à l'esprit tout de suite, entre ces remarques sur la stylistique de la devinette et ce qu'on a dit antérieurement de la rhétorique des noms propres, des rythmes, etc. Il ne peut s'agir d'une expression peu élaborée, et sans rapport avec l'acte littéraire. Ces figures, une fois identifiées, pourraient encore être examinées dans les rapports qu'elles entretiennent entre elles : les métaphores les plus simples se lisent comme des hyperboles ou des métonymies ; les restrictions équivalent à des antiphrases. Mais notre propos n'est pas d'échafauder une maquette idéale de la devinette, c'est de comprendre des énoncés. On peut tout de même montrer comment se constitue le double sens ou le propos figurant des devinettes.

Il s'agit toujours d'une formule, même si la question ne comporte qu'un mot, qui renferme un pli, ou disons mieux un repli par lequel ce qui est signifié est aussi caché. Le repli le plus simple est une analogie elliptique, la suppression du comme, ou encore l'escamotage de la présentation : " de qui diraiton...; qui s'exprimerait ainsi..." Ce repli fondamental peut dissimuler de nombreux autres replis : métaphores en chaînes, équivoque sur un mot, toute la série des figures qu'on a signalées, ou tout simplement des restrictions dans la définition imagée qui sert de point de départ. Tous ces modes d'expression dans leur étonnante diversité visent un même objectif : infléchir, on pourrait dire "déformer" un sens initial donné par le langage prosaïque en un autre sens, sans détruire pour autant ce sens. Les figures qu'emploie la devinette, pas seulement pour relever son langage mais pour le faire jouer, visent toutes à l'établissement d'un sens différé. Jouer aux devinettes, c'est jouer à différer l'effet signifiant du langage. Mais différer pourquoi?

V. SYSTÈME DES DEVINETTES

ISOLER DES ÉLÉMENTS SIGNIFIANTS

La lecture syntagmatique des devinettes nous met en présence d'une relation entre la question et la réponse. Une lecture d'orientation opposée à celle-ci est également nécessaire : celle qui isole les éléments de la question et de la réponse.

La linguistique moderne, à la suite de F. DE SAUSSURE, appelle système les éléments qui peuvent entrer en composition dans un syntagme. Nous dirons avec lui que les diverses réponses possibles à une question constituent un système. Ce système nous permet de préciser la connaissance que nous avons de la question. Les enfants donnent souvent plusieurs réponses à la même interrogation :

> **Abaambari baa Ruhiinda baambariye inzogera ikuzimú**
> Les sujets du Tonitruant portent des clochettes dans le sous-sol,

peut recevoir pour réponse : les arachides, les pommes de terre, les patates douces, les ignames, le manioc, etc. Les clochettes ne renvoient pas à autre chose que des tubercules dont la forme suggère celle de grelots ou de clochettes. L'amusement vient de l'hyperbole : on appelle ces légumes "sujets du roi des enfers". Supposons un instant que d'autres réponses viennent s'ajouter, un instrument de divination, un objet de culte, le sens du terme **inzogera** serait du même coup à revoir. Poussons le jeu plus avant. On peut dresser la liste des différentes questions qui ont même réponse. On aura le système de la réponse. On constate bien vite que les devinettes ont mille façons d'interroger, mais portent sur des objets ou des attitudes en nombre limité. Ainsi ces deux questions :

> **Inyuǔmba isákaaje ibyúuma**
> Une demeure spacieuse couverte de couteaux,

> **Naaguteera Nyabuniga n'ubuniga bwáayo**
> Je te défie : Piquant par excellence et ses piquants,

reçoivent même réponse : (R) **Ikinyogóte**, le porc-épic.

La deuxième question a une forme très surdéterminée et fait allusion à une énigme célèbre qui s'énonce par "l'énigme par excellence et son énigme".

Il arrive aussi parfois qu'on se trouve en présence d'une question qui est pour une autre devinette une réponse, si bien que c'est une sorte d'écheveau de devinettes qu'on doit démêler.
Par exemple cette suite / pierre / houe / vie .

(a) Cyaasha iti poǒ mukúru wáayo iti mpore
(Ra) Ibuye ricá isúka iríndi rikayigorora

(b) Daatá araǎnyishe daatá wáacu araǎnkiza
(Rb) = (Ra)

(c) = (Ra)
(Rc) Urupfú n'úkubyáara

(a) Celui qui est sûr de lui dit : po ; son grand frère répond : sois fort.
(Ra) Une pierre qui abîme la houe et une autre pierre qui la répare.

(b) Mon père vient de me tuer et mon oncle paternel me sauve.
(Rc) La mort et l'enfantement.

Ce n'est qu'en considérant l'ensemble des quatre phrases différentes combinées de trois manières qu'on perçoit le lien entre l'encouragement de la vie (enfantement, aide du frère et de l'oncle paternel) et les accidents (mort, houe ébréchée ; poǒ, onomatopée de la chute).

Le même matériau "préfabriqué" pour ainsi dire, sert dans une multitude de constructions à plans différents. Pour isoler correctement ce matériau de base, il ne suffit cependant pas de démonter les énigmes. On aboutirait à une liste d'objets sans intérêt. C'est cette erreur de perspective qui a stérilisé la collecte des devinettes qu'on classait jadis par types de réponses : phénomènes naturels, êtres humains, insectes, plantes cultivées, etc. Il est nécessaire de regrouper les devinettes en familles, ou par affinités, avant de procéder à l'isolement d'un élément. Il n'y a d'élément analysable que si on l'a reconnu dans plusieurs de ses emplois voisins ou opposés.

On a cité plus haut des devinettes disant : la chèvre rousse s'enfuit avec son petit. Réponse : le vent, avec allusion au léopard. On trouve des énoncés voisins qui peuvent aider à spécifier le sens de la réponse :

Rutamu iríiruka uti reenga (R) Umuyaga mu mukenke
Rutamu court, mais ne disparaît pas. (R) Le vent dans les graminées.

Le sens "vent" ne renvoie pas ici au sens "leopard". L'opposition entre courir et disparaître décrit surtout le vent, selon un schéma de devinette souvent appliqué aux phénomènes de ce type : ce qui nous touche et qu'on ne peut toucher ; ce qu'on entend et qu'on ne voit pas...

Mutamu iraréenga n'iyaǎyo (R) Ishá mu mukeenke
Mutamu disparaît avec son petit. (R) Une gazelle dans les graminées.

Cette devinette seule ne peut guère se comprendre. Il n'y a pas une bien grande trouvaille dans la comparaison de la gazelle à une chèvre de couleur fauve. Y voir une opposition significative entre l'animal domestique et le gibier? Peut-être, à condition de pouvoir à nouveau placer cette opposition dans une famille de devinettes où elle occuperait une place significative. Dans le rapprochement d'items que nous opérons ici, une conclusion s'impose : la permutation vent-animal est possible dans la réponse à la question "Mutamu se sauve avec son petit", comme la permutation animal-vent existe dans les contes où le léopard est appelé Umuyaga, le Vent.

DES FAMILLES DE DEVINETTES

Ni jye muziindutsi wa cyaane nasáanze abáana b'umwaǎmi bóoga amazaǎgiriza
(R) Amaazi ku iteke
C'est moi qui suis très matinal : j'ai rencontré les enfants du roi en train de nager de façon inimitable. (R) L'eau des colocases.

Ni jye muziindutsi ba cyaane nasáanze abazímu bátuunga urunigí
(R) Urume ku misórooró
C'est moi qui suis très matinal : j'ai rencontré des esprits de défunts qui faisaient un collier de perles. (R) La rosée sur un arbuste.

Un groupe facile à rassembler et important par ses effectifs : les devinettes qui commencent par la formule : Ni jye muziindutsi wa cyaane, nasáanze ... (C'est moi qui suis matinal, j'ai trouvé...). La plupart des objets trouvés ont un rapport avec la mort, la fatalité, l'esprit des morts. Quelques items moins sévères comparent la rosée à un collier de perles, le brouillard à un vêtement blanc. En fait, ce regroupement n'est pas très significatif, si ce n'est le fait que le petit matin est un moment équivoque, imprégné de solitude et de crainte, entre mort-sommeil et vie. Le Rwanda est un pays de brouillard à cause de son altitude élevée. Le petit matin est tout à fait l'opposé de la veillée, il est le moment du danger maximum. Mais dans les devinettes de la veillée, il est présenté comme irréel, car ces fantômes n'étaient que des objets familiers : un bâton, une touffe d'herbe porte-feu, un oiseau. La devinette rassure devant la mort et l'au-delà.

1. La main d'un enfant et l'équilibre du monde

La famille d'items qui suit est regroupée à partir d'expressions qui comportent l'idée d'égalité ou de proportion, exprimée par les verbes baangana, "ils sont égaux", et bagasa, "ils se ressemblent".

Baangana we (R) Akagaanza k'uumwáana
Oh! ils sont proportionnés. (R) Les petites mains de l'enfant.

Abáana baanjye baangana bóose (R) Amafundi
Mes enfants sont tous de même taille. (R) Les (petits oiseaux) amaranthes.

Ngira abáana baanjye bagasa bóose (R) Inyényeeri / Inzara
J'ai des enfants ; ils se ressemblent tous. (R) Les étoiles / Les ongles.

La notation qu'une chose est bien proportionnée, comme la main de l'enfant à sa petite taille, n'est pas pour permettre de la reconnaître dans une classe d'objets, au contraire. Mais cette "fausse" description devient une métaphore quand elle rencontre le support de comparaison passe-partout abáana baanjye parce que la notation de l'égalité renvoie à une idée importante. Imaginons un instant que le schéma :

abáana baanjye baangana bóose

rencontre un autre schéma métaphorique aussi simple, comme cette devinette :

Abakoǒbwa baanjye biikwiije impiǐndu bóose (R) Imirizo y'imbeba
Mes filles sont munies d'alènes, toutes. (R) Les queues des rats,

et que les deux devinettes se mélangent. On pourrait avoir : mes filles sont égales et munies d'alènes, ou bien : mes filles ont toutes des alènes de longueur égale. En fait, on trouve une formule plus ramassée et beaucoup plus significative :

Impiǐndu zaa Nyírabaǎgana ziingana zóose (R) Imiriizo y'ímbeba
Les alènes de N. sont toutes égales. (R) Les queues des rats.

Pour cette concentration de signification, on a eu recours au nom propre Nyírabaǎngana : celle qui est issue des égaux, la fille Egalité, et on a exploité l'effet répétitif des sons z, i, a, et gana. La devinette est assurément plus spirituelle. La réponse bien trouvée qui était la principale finesse de la précédente partage maintenant ce privilège avec l'élégance de la formulation. On peut réutiliser encore le matériau :

Intáará zaa Nyírabaǎngana ziingana zóose (R) Isí n'íjuru
Les vans de la fille Egalité sont égaux, totalement.
(R) Le ciel et la terre.

Par cette dernière devinette, on saisit finalement l'importance de la mention de l'égalité ou de la bonne proportion entre les choses ou les êtres. Il en va de l'équilibre du monde, de l'ordre de l'univers tout entier.

Remarque. Ce regroupement d'items recueillis séparément ne permet pas d'établir une filiation réelle et chronologique entre plusieurs devinettes. Il est bien possible qu'une devinette de formulation simple ne représente pas l'*Urform* de devinettes plus complexes. Les devinettes simples peuvent résulter de l'élagage ou de l'usure progressive de devinettes complexes. En se combinant, sous la pression de la mode ou d'un phénomène qui s'y apparente, à d'autres formules, les devinettes ont tendance à déplacer simplicite et complexité de certains éléments à d'autres. Voilà tout ce qu'on peut affirmer sans présomption d'une évolution des devinettes. Parfois la filiation réelle est lisible grâce à la présence d'éléments extrinsèques.

> Ndi Rutebuuka ku itéme ndi Rutebuuka ku iteke (R) Urukwáavu
> Je suis Gros-pressé sur le pont, je suis Gros-pressé dans les colocases.
> (R) Le lièvre,

qui présente un jeu d'assonances sur iteke - itéme, preuve à nos oreilles d'une forme assez élaborée et fixée, donne au contact des réalités coloniales :

> Rutiinda ku itemé, Rubaanguka ku itaka, wiǐriwe Reězida
> (R) Igitabo cy'úmusoro
> Traîne sur le pont, Pressé sur terre, salut Résident.
> (R) Le registre des impôts.

Par contagion, la première se dit maintenant avec la salutation moqueuse à l'adresse du Résident, et le lièvre rusé se fait porte-parole de la résistance à la colonisation!

2. «Déféquer des pierres»

Partons maintenant de l'énoncé d'une devinette plus complexe :

> Naaguteera akiǐgize umugozí kakiigira umugaanda kakannya ibuye
> (R) Uruyuzi
> Je te défie : ce qui devient corde, ce qui devient poteau, cela défèque une pierre. (R) Le plant de courge.

Cet énoncé se décompose en plusieurs facteurs :

1. Akiǐgize umugozí
2. Kakiigira umugaanda
3. Kakannya ibuye

On retrouve ces facteurs distribués autrement dans plusieurs devinettes :

> (1 + 3) Akiǐgize umugozí kannya ibuye (R) Igihaaza
> Ce qui est devenu une corde défèque une pierre. (R) Une courge.

> Mfite umugozí ubyáara ibuye (R) Intaanga
> J'ai une corde qui engendre une pierre. (R) Une courge (sauvage)
> (= 1 + 3, avec permutation déféquer - engendrer).

> Mfite igití kibyaara ibuye (R) Ipapaayi
> J'ai un arbre qui engendre des pierres. (R) Le papayer.

> Amáazi annya ibuye (R) Isoro n'ámata
> Une eau qui défèque une pierre. (R) La motte de beurre et le lait.

On peut encore trouver le même signe (3) pris dans son sens littéral :

> Kareenze impiǐnga kannya ibuye (R) Umuhuumeetso
> Elle saute les sommets et défèque une pierre. (R) La fronde.

Enfin, un arbuste ressemblant un peu au caféier porte le nom de umuména mabuye: casse-pierres.

Les images (1) et (2) se retrouvent ensemble dans :

Akiigize umugozí kakiigira umugaanda kagashyira umwaămi ku murwa
(R) Umuhótorá
Ce qui est devenu corde et poteau fixe le roi sur la colline royale.
(R) Le papyrus séché.
(Les huttes royales étaient couvertes de papyrus et pas seulement d'herbes sèches comme les maisons ordinaires.)

ou bien :

Naaguteera ikiigize umugózi kakiigira umuganda kigosokoya isumzu nko rusaăke (R) Inshíira
Ce qui est devenu corde et poteau s'est coiffé d'un panache comme le coq
(R) Le naja (serpent cracheur).

On a ainsi isolé trois clichés typiques. On peut penser que l'expression "déféquer des pierres" n'est pas indépendante du relief du pays où les éboulis, les phénomènes volcaniques, sont caractéristiques. Dans un contexte différent, d'autres métaphores voient le jour : chez les Dogons du Mali, on décrit la calebasse rampante par comparaison avec le cheval :

J'ai fait courir mon cheval ; à chaque halte il a accouché d'un enfant.
(R) Les calebasses[59].

L'expression : ce qui devient corde, ce qui devient poteau, est une métaphore de la force. Ces instruments permettent d'attacher un animal et entrent dans toutes les techniques de construction solide. C'est par dérision qu'on applique ces images à la frêle tige de courge, par irrévérence qu'on compare le roi à un animal attaché. Dans le cas du serpent cracheur, la métaphore n'est pas trop forte pour signifier la peur qu'inspire ce serpent.

Un essai de regroupement d'une famille n'a pas abouti. Le motif cependant mérite attention. Plusieurs devinettes se servent de termes du jeu d'**igisoro**, le tric-trac rwandais. Merriam (1953) puis Coupez et Benda (1963) ont repéré le vocabulaire des cases du jeu, mais pas des coups ni des tricheries possibles. Sans cette terminologie, aucune hypothèse ne peut être vérifiée. Mais cela ne nous empêche pas de retenir de ces rapprochements tentés, que la même formule revêt des sens différents selon l'usage qu'on en fait ; ces sens cependant ne sont pas isolés les uns des autres ; ils tendent à constituer un schéma de pensée. Un travail patient et méticuleux devrait permettre de dresser la liste de ces formules, et d'établir pour l'ensemble des devinettes un catalogue des principaux "motifs étonnants" grâce auxquels on construit le plus souvent les devinettes. Voici, glanés dans des perspectives très diverses, et très résumés, quelques-uns de ces motifs dont le rapprochement constitue une famille.

---

59 D. Lifchitz et D. Paulme, 1938, n°59.

QUELQUES MOTIFS DE COMPARAISON : ACTEURS ET ACTIONS

Les devinettes présentent deux catégories d'éléments : des acteurs et des actions. Les acteurs peuvent être sujets ou objets de l'action (penser aux très nombreuses personnifications par le jeu des noms propres). L'action peut être en train de se faire ou être désignée par son résultat. La conjonction acteur-action aboutit à un effet, à désigner des valeurs, ou à amuser. Prenons quelques exemples que les Rwandais aiment à retrouver souvent.

1. La pluie et le beau temps

Plusieurs devinettes comparent la pluie à l'urine. Cela lorsque la pluie tombe sur les pays voisins. Le lac **Kivú** (inondation, débordement) aurait été produit par les urines de la reine **Nyiranzibura** (**Nzibura** , au XVIIIè siècle, monarque de l'actuelle région de Bukavu au Zaïre). D'autres devinettes identifient la pluie à des crachats. Dans ce cas, elle tombe sur le Rwanda. C'est que la pluie est alors signe de bénédiction, de fécondité, comme dans la divination où la salive est une métaphore matérielle du liquide séminal et du pouvoir fécondant. Ailleurs la pluie est appelée "jambe de Tutsi", "jambe du roi". On lit aisément la synecdoque : jambe = pouvoir fertile. Le roi au Rwanda est maître de la pluie. Bénédiction pour son pays, elle serait malédiction pour ses ennemis.

La foudre est sujet de diverses actions : frapper en signe de la victoire, du roi, punir les transgresseurs d'interdits. Le nom de Foudroyant est souvent employé par antiphrase pour désigner de petites choses. La bière qui enivre et rend égal aux plus puissants est comparée à la foudre. La Foudre est le roi du ciel.

2. Le sous-sol

Ce n'est pas un espace, mais une population d'esprits des défunts. Les rois en seraient **Ruhiinda** ou **Makoombe** (noms de certains rois du Buha et de l'Ankole, anciens ennemis du Rwanda). Toutes les fois qu'on entend le mot **ikuzimu**, c'est à ces esprits **abazimu** qu'il faut penser, même si la devinette aboutit à une réalité toute prosaïque, arachide ou patate. Les trous dans la terre, fossés, galeries de taupes, etc. sont investis de cette valeur menaçante. Les marais, remplis des ossements des morts qu'on y a jetés, ont souvent la même signification. Très souvent ils seront comparés à un postérieur sale, atteint des maladies de peau fréquentes dans la zone équatoriale, ou pire encore. Le marais est souvent désigné par des noms de collines, comme Gacu et Mpaanga, mot à mot : "qui pue", et "bas-ventre". Une devinette compare explicitement des excréments sur le sol à un mort recroquevillé. Les thèmes scatologiques sont liés à la mort et aux bas-fonds. Il est plus facile de s'en amuser que de rire de la mort directement. C'est pourtant très souvent l'angoisse de la mort qu'on trouve dans les plaisanteries à thème scatologique.

3. Noir et blanc

Des acteurs et parfois des actions sont affectés de couleurs : noir, blanc, ou une couleur des pelages des vaches. Ces couleurs ont un sens et sont souvent les vrais déterminants de l'action. Etre blanc signifie en effet être favorable, noir défavorable. Le devin n'emploie pas d'autres termes pour exprimer le résultat de sa consultation. Le rouge, couleur du sang, signifie une menace, mais le teint rougeâtre (littéralement "robe de gazelle") est signe de noblesse, les Tutsi ne se disant pas noirs[60].

4. Se précipiter

Des devinettes nous disent que les enfants du roi se précipitent sur la place quand le soleil paraît. Voilà qui est contradictoire avec l'étiquette observée au Rwanda où la lenteur et la réserve sont de mise dans tous les comportements. La famine provoque des comportements précipités, et sans méfiance. Parler de la marmite au temps de la famine, c'est dénoncer ce comportement de manque de retenue. Les devinettes qui décrivent en détail ce genre d'attitude et de manque de retenue dans l'alimentation : la boulette qu'on avale tout rond, la viande dure sur laquelle on tire pour décoller de la peau, etc. renvoient à des conduites qui manquent de pudeur. Surtout chez les Tutsi, on tient à se cacher pour manger.

5. Les oiseaux

Ils se répartissent en blanc et noir, et aussi selon leurs lieux d'habitation et leurs moeurs. Le garde-boeufs est faste, vient du ciel, habite près des troupeaux. Il s'oppose au héron noir (uruyóongoyóongo) dont le nom est synonyme de déchet ou de tesson en rundi. Ce dernier habite les bas-fonds marécageux. L'ibis des marais gris sombre (nyirábarazáana) porte malheur pour la

---

60 Il est frappant de constater que les devinettes ne jouent pas sur les noms de couleurs alors que la langue est très riche pour désigner les nuances des pelages. Sur ce point, cf. PAUWELS (M.), 1952, et accessoirement DELMAS (L.), 1930.

même raison. La grue couronnée est un mixte de ces deux éléments. Par sa haute taille et ses huppes, elle est céleste, royale. Par ses habitudes sales et imprévoyantes, elle appartient au marais. Symbole des clans dynastiques tutsi, elle permet de proférer des éloges à double sens et d'adresser à ceux-ci des critiques indirectes. La veuve dominicaine surnommée **Matene** est aussi ambivalente, noire et blanche à la fois ; on dit de cet oiseau rusé qu'il n'aime pas sa famille. Selon la valence dont on l'affecte, la bergeronnette est dite noire ou blanche, son plumage étant bicolore.

Les insectes, les batraciens, sont aussi des acteurs privilégiés à caractère marqué : la chenille est vaniteuse à cause de ses beaux poils : le papillon est fou, volage ; le crapaud a voulu se faire aussi gros que le boeuf ; les parasites sont l'objet de comparaisons diverses, rarement élogieuses.

6. «Le ficus de chez nous»

C'est un acteur fréquent dans les devinettes. Le ficus peut désigner les objets en ficus : la planchette sur laquelle le devin fait glisser ses pions, par exemple, ou bien des objets "sacrés" déclarés **imáana**. Après divination, on enterrait par exemple des entrailles de la bête examinée, bélier ou taureau, et on plantait dessus un ficus qui rappelait cet acte important. Souvent il désigne la maison. Les enclos qui se veulent respectables comportent au moins un ficus. Ce n'est pas inutile, car l'écorce de cet arbre fournit des fibres qui, battues, peuvent entrer dans la confection de vêtements. Mais si l'on y fait attention, cet arbre apparaît comme un lien entre ciel et terre. On dit par exemple qu'il attire les oiseaux :

Akavumú k'iwaǎcu Ruhuumbanyoni (R) **Agakóno k'amanywa**
Le ficus de chez nous : Attire-les-oiseaux. (R) La marmite à midi.

Dans un rite du **Kubandwa**, on plaçait de la viande sur les feuilles de cet arbre en offrande aux esprits **imaandwa**[61]. Arbre au bord de l'enclos, grande verticale, il est aussi un symbole masculin, opposé au symbole féminin de la marmite. Toute la famille se situe par rapport à ces deux éléments qu'on reprendra en examinant les symbolismes des devinettes.

7. La vieille femme

La vieille femme, **igikecuru**, est l'objet des plaisanteries des jeunes : on lui cache sa pipe, on lui fait renverser sa calebasse, on la dépeint comme

---

61 Arnoux, 1912, p. 538 ; Pauwels, 1953, p. 33, note.

l'éternelle rouspéteuse. On lui reproche de n'être plus féconde ni désirable, et souvent on l'oppose à la jeune fille. Le respect dû aux vieillards ne s'adresse pas à cette espèce de sorcière. Le grand-père est taquiné, un peu malmené, mais jamais dans des termes aussi méprisants.

Bien d'autres acteurs et d'autres actions apparaîtront à qui y prête attention dans le jeu : l'action de tirer à l'arc, qui désigne la guerre et la virilité, l'action de courber le cou, l'action d'entourer le Rwanda ou la maison, de ceinturer, le fait d'être courbe reviennent très souvent. D'autres motifs se répètent aussi à fréquence élevée, mais leur articulation fait appel à des réalités si importantes qu'il faut y reconnaître non plus seulement des signifiants privilégiés de la devinette, mais des symboles investis d'un grand pouvoir au Rwanda : traire (une vache, une ruche, la forêt) par exemple. Les chapitres qui suivent sont consacrés à ces symbolismes. Avant d'y arriver, arrêtons-nous encore sur quelques motifs qui concernent le corps.

LE LANGAGE DU CORPS

Beaucoup de devinettes décrivent un être privé de queue, de pattes ou de cornes. Les signes de l'existence biologique et de la fécondité, qu'on trouve tous rassemblés dans la vache, servent à définir une sorte de normalité rwandaise, dans laquelle la symbolique sexuée prend une place importante. Il est bien certain que lorsqu'on présente :

Ruvudukana imbáragá Ruvumeera
La-bonne-coureuse, La-mugissante

pour désigner l'automobile, et qu'on ajoute : rutagira amabéere, "mais elle n'a pas de mamelles", on vise à déconsidérer cet objet d'importation[62]. Ne pas avoir de mamelles est une honte. On dit qu'autrefois les filles dont la poitrine ne se développait pas (impenébeere) étaient bannies ou mises à mort. Dans plusieurs devinettes, on se moque des "pis de puce" (icébe ry'imbarágasa).

Les hautes cornes sont la gloire des vaches du Rwanda (inyaambo). Ne pas en avoir est une disgrâce. Le chien est raillé pour cette faute de goût dans bien des items. Dans les contes on apprend qu'il avait des cornes et des pis, mais que le créateur les lui confisqua après qu'il eut trahi un secret. Les

---

[62] Les devinettes qui ont pour réponse "l'auto" visent toutes à la déclasser : elle fait peur, elle est incontrôlable. On se moque de la moto ainsi : itogota idáteetsé : elle bouillonne mais ne fait rien cuire!

aigrettes des oiseaux leur confèrent la noblesse ; il n'est pas jusqu'aux huppes des coiffures traditionnelles des chefs ou des jeunes filles qui n'aient leur signification par rapport aux cornes. La lance elle-même fait partie de ce symbolisme : les cornes de la vache sont des lances, et, suprême équilibre, sa queue est une lance mais, précise une énigme, tenue à l'envers!

Au Rwanda, la pilosité est un élément de référence permanent. Un très beau poème d'amour[63] tire son effet de la diversité des noms de poils selon leur disposition et leur place sur le corps. La calvitie est un défaut risible ; de nombreuses devinettes s'en gaussent[64]. Une plaisanterie qui revient sans cesse est de plaindre le pou qui arrive sur pareille tête. Les herbes, les plantes cultivées, sont désignées par des comparaisons avec des poils : cheveux ou barbe du maïs, chevelure du papyrus, etc. L'absence de poils / herbes dans la cour suggère en "argot" rwandais, le sexe d'une mauvaise femme, d'une femme qui n'est pas vraiment femme. La chenille, l'igname sont ridiculisés pour s'être parés de poils. Le poil de la vache entre dans la confection d'amulettes, et, comme les ongles et les cheveux, il semble avoir pour signification profonde la permanence dans le temps : quelque chose qui, coupé et séparé du corps, ne se corrompt pas[65] et qui, du côté du corps, repousse malgré l'action destructrice portée à son encontre. Bien saisir la portée de ces motifs nous permet de goûter le plaisir ironique et de déterminer la pointe d'un très grand nombre de devinettes.

REMARQUE - LES DEVINETTES RECENTES

Elles n'échappent pas à la systématique traditionnelle. Un peu plus d'une centaine de devinettes sur les deux milliers examinées comportent un indice par lequel on peut les dater comme postérieures à l'arrivée des premiers européens au Rwanda (1892 - 1894). Une devinette rappelle le géographe KANDT en mentionnant son surnom **Kaanayoogé** : L'enfant-nageur. D'autres signalent des aspects de la colonisation : la corvée, le résident, l'impôt, le missionnaire, ou décrivent des objets étonnants apportés par les européens : voitures, bicyclettes, avions, ciseaux, manteaux, etc. La plupart du temps ces devinettes décrivent l'objet en le jugeant sévèrement :

> **Igituku mu giteebo** (R) **Umuzuǔngu mu módoká**
> Rougeaud dans le panier. (R) L'Européen dans sa voiture.

Réduit à n'être qu'une tomate ou un piment, l'Européen est craint ; la couleur rouge est souvent affectée d'un indice inquiétant. La devinette a joué un rôle d'expression souterraine de critique à l'égard des institutions nouvelles.

---

63 COUPEZ et KAMANZI, 1970, Elégie à Mitoma (4. 13 s.).

64 Sur le symbolisme de la calvitie, cf. GAIGNEBET, 1971, Le chauve au col roulé, in *Poétique*, n° 8, Paris.

65 Le rituel royal (XV, 1-3) insiste pour qu'on ne laisse pas pousser les ongles et les cheveux d'un roi défunt.

Si nous établissons le système des questions qui ont pour réponse l'argent ou l'impôt, nous recueillons les motifs suivants : exterminer les hommes, les châtrer ; des choses qui serviront à nous vendre ; ce qui fait déménager les hommes ; ce qui fait précipiter les hommes ; ce qui les réveille en sursaut ; ce qui fait souffrir et fuir l'homme ; ce qui cause des catastrophes ; ce qui empêche de se coucher. Exception, une devinette appelle le billet de banque une vache de poche. La convergence des présentations définit avec précision le point de vue des Rwandais sur l'argent jusqu'à ce jour. La plupart des importations étonnent parce qu'elles sont décevantes, susceptibles de pannes, de dégradation rapide, et instruments de violence, moyens de causer la peur. Cette définition de l'argent par un réseau de devinettes, s'oppose terme à terme à la définition du maïs, qui est l'objet d'un très grand nombre de questions. Celui-ci, comparé le plus fréquemment possible à la vache, est le signe de la grandeur du cultivateur, ce qui permet de faire rire ses enfants, ce qui a de la barbe virile, un panache, ce qui a des graines (semences). C'est un libérateur, c'est une vache dont on peut utiliser la peau pour enrober, etc. Le sorgho reçoit des éloges à peu près semblables. Cependant le maïs ne figure pas parmi les fameuses graines primordiales (**imbúto nkurú**). C'est probablement une plante importée, cultivée depuis moins longtemps que le sorgho ou l'éleusine. Mais c'est une importation qui a réussi.

Ces devinettes récentes constituent un bon indicateur des réactions des Rwandais à la nouveauté et permettent d'approcher leur faculté inconsciente d'adaptation au changement. Les plus simples ne sont pas très différentes d'une "rumeur" formulée en deux temps : on se lamente à tour de rôle ou l'on rit ensemble.

Malheureusement il n'a pas été possible d'observer la manière dont se créent et se lancent sur le marché du discours ces devinettes modernes. Pas plus que pour le passé nous ne sommes en mesure de faire des hypothèses très précises sur les canaux de circulation de ces messages au moment de leur création.

LES ANTINOMIES

Nous ne devons pas omettre comme "motifs étonnants" ou comme éléments de base de la devinette certains groupes de signifiants qui n'apparaissent pas comme des acteurs ou des actions sous prétexte que ce sont des acteurs impossibles ou des actions vaines. Bien souvent, nous l'avons constaté, la devinette repose sur une restriction ou une opposition. Des éléments de devinette se présentent aussi de la sorte : des acteurs absents, des actions impossibles ou entreprises en vain. Un groupe de devinettes difficiles nous met en présence d'un type particulier d'unités signifiantes :

> **Aha ali ubwéenge bwaatumá : waasera mu rúuzi ukaanzura** (R) **Iráadiyó**
> Voilà une ruse qui te dépasse : tu vas moudre dans un ruisseau et récupérer la farine. (R) Un poste de radio.

Vu son objet, cette devinette ne peut pas être ancienne ; mais le rapport qu'il y a entre **waasera mu rúuzi** et **iráadiyó** est pour le moins obscur. Les variantes de la question données par Bigirumwani ne mettent pas plus sur la voie de la réponse :

Waacaana mu rúuzi umuriro ukaaka
Tu allumes du feu dans l'eau et ça brûle.

Waatambaana ingabo mu rutára
Tu danses avec un bouclier sous un lit.

Cependant une autre devinette fait référence au même exploit :

Toora ifuumba, ntooré indí tujyé gutwíika urúuzi (R) Inzira
Prends un porte-feu, moi un autre : allons incendier la rivière.
(R) Un sentier.
(Le sentier, pas plus que la rivière, ne brûle quand on met le feu à la brousse environnante),

et l'on trouve dans une devinette voisine, la même expression en réponse :

Toora ifuumba, ntooré indí tujyé kwíibaza (R) Gutwíika urúuzi
Prends un porte-feu, moi un autre : allons faire une chose étonnante.
(R) Incendier la rivière.

Par sa structure, cette devinette est parallèle à plusieurs autres :

Toora uruuho, ntooré uruǔndi, tujyé kwíiyuma (R) Amagaanga y'iishá
Prends une épuisette, moi une autre : allons puiser en vain.
(R) La pisse d'une gazelle.

Ntooré umuhoro ntema icyó utarí bucé (R) Amaazi
Je prends une serpette et je coupe ce qui ne peut être coupé. (R) L'eau.

Toutes ces devinettes se réduisent à une question sans équivoque : qu'est-ce-qui est impossible, introuvable, insécable, etc. et à une réponse qui comporte la métaphore correspondante : impossible comme recueillir la pisse d'une gazelle ou l'urine d'une poule, mettre le feu à l'eau, couper l'eau, etc.

La devinette qui demande de moudre dans l'eau et répond : un poste de radio, utilise donc la métaphore de ce qui est stupéfiant pour l'appliquer au poste de radio qui, comme le tambour, parle sans avoir de bouche, rend les lointains proches, bref, déconcerte! On trouve toutes ces métaphores de l'impossible sous la forme très ramassée de la réponse à la question :

Aha hari ubwéenge bwaagutaná
Ici il y a une astuce qui te dépasse.
(R) Waasera mu rúuzi ukaanzura
Tu mouds dans une rivière et tu récupères la farine.
(R) Waacaana mu rúuzi umuriro ukaaka
Tu fais du feu dans une rivière.
(R) Waabaanga umuhíni mú umuheto
Tu tires d'un arc un manche (parfois l'inverse).
(R) Urutámyi ku rúuzi ukaambuka
Une ficelle sur une rivière et tu traverses.
(R) Gukóra ingwe mu jíisho
Tu touches un léopard dans l'oeil.
(R) Gucuumbira ubugarí ku ishyiga rimwé
Tu cuisines du manioc sur une seule pierre. (Le foyer en comporte toujours trois.)

On trouve encore : se tenir sur la pointe d'une lance, couper des précipices, tirer à l'arc sur un grain d'éleusine (minuscule). Rappelons-nous la réponse de Kahanuze à son roi (cf. *Avant-propos*) : "tu me demandes de chercher les racines d'une pierre", et l'interprétation qu'il donne spontanément à son épouse : le roi me demande des choses impossibles[66].

Des énigmes qui représentent un type un peu à part, souvent introduit par la formule : je te défie, mettent à jour des défis pratiques, mais aussi des paradoxes a priori de la pensée, des antinomies. Ne revient-il pas au même d'énoncer gravement : "on ne se baigne jamais deux fois dans le même fleuve", "panta rhei", et de demander :

> Iri waríboonye hé? (R) Ubukumí bwaa só na nyoko
> Cela, où l'as-tu déjà vu? (R) La jeunesse de ton père et de ta mère.

La question :

> Uraǎnyirukanira ubusá (R) Inzira
> Tu me poursuis en vain. (R) Un sentier,

n'équivaut-elle pas au jeu d'Achille et de la tortue? Autour de ces antinomies typiques gravitent de nombreuses devinettes. Par exemple au Burundi :

> Gira umutíma ngutumé i Buha (R) Waakora ingwe mu jíisho ?
> Aie du coeur, je vais t'envoyer au Buha. (R) Tu mettrais le doigt dans l'oeil d'un léopard?

permet de donner une idée du danger que représente le royaume du Buha. L'idée d'un pont de ficelle se retrouve dans plusieurs devinettes :

> Ko waasurúumbira ku rúuzi ukaambuka (R) Igitagaangurirwa
> Tu pourrais circuler le long d'une rivière et traverser. (R) Une araignée.

Un conte rundi met en scène une reine qui traverse un plan d'eau sur une fine bande d'écorce de roseau. Elle tombe alors que tous ses serviteurs avaient pu y passer. Dans la dynamique du récit, l'énigme est devenue une épreuve.

Le pigeon résout un problème d'équilibre ; on l'exprime par l'antinomie :

> Naanzitse mu rúuzi ndaanzura (R) Iguǔgu ku rukomá
> J'ai moulu dans la rivière et je récupère la farine. (R) Un pigeon sur une feuille de bananier.

---

66 Dans la petite Edda scandinave, on trouve le même type de formule ironique : "la chaîne qui maintient le loup qu'engloutira le soleil est faite de six choses :

> le bruit de la foulée du chat,
> la barbe de la femme,
> les racines du rocher,
> les tendons de l'ours,
> l'haleine du poisson,
> et la salive de l'oiseau"

(cité par J.L. Borges, 1966, *Essai sur les anciennes littératures germaniques*, Paris, Christian Bourgeois, pp. 151-152).

Ailleurs, le couteau qui coupe l'eau, c'est l'épuisette ; la farine est bien recueillie dans l'eau, mais il s'agit du sable ; enfin le feu est bien dans l'eau puisqu'on voit la fumée des nuages ou du brouillard.

Les questions qui sont posées dans certaines devinettes sont résolues dans d'autres, directement ou indirectement. Sans cela, elles seraient vaines, sans fonction, le jeu ne pourrait pas durer. Pourtant ces paradoxes représentent l'impossible, l'insoluble. Seul l'humour permet de trouver des remèdes au pessimisme qui devrait découler de toutes ces impossibilités. La devinette nous l'apprend.

On peut regrouper ces motifs antinomiques autour d'actions tentées en vain: moudre dans l'eau, recueillir de la pisse de gazelle. D'autres opposent des éléments qui ont une portée symbolique : la terre et le ciel, l'eau et le feu ; ou encore vont résoudre l'opposition par des intermédiaires : la pluie, la foudre, etc.

D'autres devinettes réintroduisent les paradoxes à titre de structure de description. De là, entre autres, un motif très répandu, et pas facile à interpréter : celui de l'animal sans queue (donc ridicule et indécent) qui renvoie à un objet familier.

> Igira inyuma y'inzu nkuvuǔmburire impoongo itágira umuriizo
> (R) Umubuyeenge w'iintóosho
> Va derrière la maison chercher une antilope sans queue.
> (R) Le balancement (pour aiguiser sur) la meule.

Même comparaison avec le serval sans pattes et le pilon à tabac. Meule et gazelle, serval et pilon sont en relation par antiphrase, et l'antiphrase est soulignée par l'absence d'organes.

Ainsi, un examen du message des devinettes du Rwanda selon ses dimensions formelles (langue employée, mise en forme de type poétique), syntagmatique (la mise en rapport de la question et de la réponse) et systématique (les éléments entrant en composition dans les devinettes) permet une lecture littérale des devinettes qui tient compte de ce qu'elles signifient dans leur contexte et donc de comprendre certaines allusions ou certains symbolismes particuliers (allusion à Rugaǎnzu, signification du ficus ou de la pilosité par exemple).

Mais notre lecture systématique est très insuffisante et réductrice ; le système des signifiants employés quotidiennement n'est pas énigmatique. Employé au contraire selon certaines techniques rhétoriques, il le devient ; autrement dit, en croisant un système de signes et une rhétorique, on obtient un langage à plusieurs dimensions. Déjà au cours de cette lecture, en principe littérale, des devinettes, on a dû mentionner des contenus valorisés et repérer des sens enrichis d'affectivité. En d'autres termes, le message comporte plusieurs dimensions non exploitées, il renferme encore des messages. Nous devons lui reconnaître une portée symbolique.

VI. SYMBOLIQUE DES DEVINETTES

UN MESSAGE DANS LE MESSAGE

Beaucoup de métaphores nous ont paru jouer non pas sur la ressemblance apparente entre des réalités (le bouillonnement dans la marmite et le bruit de la motocyclette) mais sur l'équivalence de leur rôle, dans un ensemble donné de valeurs, à d'autres rôles (ainsi une femme rassasiée et une femme enceinte). Souvent un écart plus grand encore peut être constaté. Le message se comprend par déchiffrement de la métaphore, mais en plus, l'énoncé contient un autre message qui entretient avec la réponse un rapport autre que la cohérence métaphorique.

Lorsqu'on dit :

Dore uríiya mugabo uríimbana impuǔzu muu mpiǐnga ya Kínyinya
(R) Ikinyábwooyá
Vois donc ce monsieur qui promène son vêtement (de ficus) à la cime de La-moussue. (R) Une chenille,

on a décrit la chenille qui rampe sur la mousse. Mais on joue en même temps sur le sens de kinyinya, on se moque de la chenille vaniteuse, car le mot s'emploie comme le mot "paille" en français dans l'expression "être sur la paille" : être très malheureux.

Quand on dit du papillon : ce qu'on transperce d'une lance et qui dégage de la fumée, on a fait une comparaison entre les fines écailles des ailes et de la fumée. Mais il y a derrière la réponse, qui est à comprendre alors comme un euphémisme, l'image de l'umutabaazi ou héros libérateur qui, selon la légende, allait se faire tuer chez l'ennemi par le fer ou le feu, pour obtenir magiquement une victoire au Rwanda. La pointe du message est donc fréquemment un autre message.

IRRÉVÉRENCES

Abáana b'umwaǎmi baratáanguranwa muu ngoma
(R) Inshuǔnzi mu cyaǎnsi
Les enfants du roi se précipitent vers le tambour.
(R) Les jets de lait dans le pot (lors de la traite).

Abáana b'umwaǎmi biicaye kuu ntébe imwé
(R) **Inkwaǎna z'amateke / Intoki**
Les enfants du roi sont assis sur un seul siège.
(R) Les tubercules de colocases / Les doigts.

La source de chaque métaphore est dans une ressemblance : se précipiter -- gicler ; pot à lait -- tambour ; être assis sur un même siège -- être fixé sur une même tige. Mais comme en passant, on a aussi énoncé un message qui dépasse de beaucoup la portée de la comparaison. Dire : les enfants du roi se précipitent vers le tambour, c'est se moquer discrètement des nobles et critiquer les intrigues des princes. Le tambour est en effet le symbole bien connu du pouvoir royal, et d'autre part, dire que les enfants du roi se précipitent, c'est dire qu'ils manquent de savoir-vivre et de contrôle de soi. Bref, ce ne sont pas de vrais nobles.

Dire qu'ils sont assis sur le même siège revient à énoncer un message semblable et à souligner les conflits qu'entraîne la lutte pour le pouvoir. On dit encore une chose semblable en demandant ce que sont des rois intronisés quatre à la fois (réponse : les pis d'une vache). Il est préférable de ne pas essayer d'imaginer ce qui a été énoncé dans la phrase littéralement!

Souvent donc, les devinettes donnent à entendre plus que la comparaison ou le paradoxe initial. Il y a un message dans le message explicite, qui vit en lui un peu comme un parasite, et demeure cependant vital pour le message. Le parasite n'est pas nécessairement caché très profond. Il peut se découvrir dans une lecture naïve des formules de comparaison. Le message second n'est pas toujours au-delà de la métaphore comme on pourrait l'inférer de la notion de méta-langage. On le trouve plus d'une fois en deçà. Par exemple lorsqu'on dit :

Toora agakoni ntooré akaǎndi tujye kwaambutsa umwaǎmi utágirá amaguru
(R) **Agaseke**
Prends un petit bâton, que j'en prenne un autre ; allons faire traverser la rivière à un roi qui n'a pas de jambes. (R) Un petit panier,

on emploie une métaphore assez courante, le roi renvoyant à tout ce qui est beau et précieux, comme les petits paniers finement tressés **uduseke**. Mais il faut aussi entendre un roi sans jambes. Ce n'est pas seulement un motif étonnant comme un serval sans pattes, c'est une sorte de blasphème : la force du pays est mystiquement et métonymiquement contenue dans les jambes du roi. Le roi ne devait pas fléchir les genoux pour ne pas diminuer la vitalité de son pays. Des devinettes parlent de la pluie comme des jambes du roi ou d'un grand Tutsi. C'est donc une métaphore pour la vitalité du pays. Parler d'un roi sans jambes c'est évoquer des catastrophes, une défaite militaire, mais sur un mode plaisant et sans danger.

On a pu découvrir quelques symboles isolés qui fonctionnent un peu à la manière d'une allusion.

> **Aho Rugóondo yabáagiwe ntíhatezé kuzaashira ibinúre**
> (R) **Inkwana z'amateke**
> Là où Rugondo a été dépecé, il n'y manque pas de viande grasse.
> (R) Les tubercules des colocases.

Par la question, on demande de trouver ce qui ressemble à une vache tachetée, à de la graisse. La réponse donne un exemple d'élément gras et tacheté. L'action de dépecer correspond à la préparation des colocases pour la cuisine ou le repiquage. Mais **Rugóondo**, nom d'une vache tachetée, s'applique aussi au désir humain, à l'ambition[67]. C'est le surnom de l'organe de la volonté, dont les anciens Rwandais parlaient comme d'un serpent qui se serait tenu dans les entrailles du sujet. S'il en est bien ainsi, l'énoncé devient un propos pratique et une réflexion désabusée. Ceux qui savent tirer parti du désir s'enrichissent. D'autres devinettes encore portent des messages parasites ; ainsi :

> **Kujya mu Bajíirí warí Umujíijí**
> (R) **Umugina mu rufuunzo / Igisaabo mu Batwá / Ingwe mu ntáre /...**
> Pour aller chez les Jiji, étais-tu un Jiji?
> (R) Une termitière dans les papyrus / Une baratte chez les Twa / Un léopard chez le lion / etc.

La question doit inviter à discerner une anomalie dans un groupement. Un symbole masculin dans un symbole féminin ; une baratte chez des non-éleveurs ; un animal furtif chez son collègue violent. En fait la question heurte l'auditeur par le message qu'elle énonce d'une manière oblique. Les Jiji constituaient un clan de gardiens des tombeaux royaux. S'ils réussisaient à se cacher chez eux, les criminels n'étaient plus poursuivis. Demander à quelqu'un pourquoi il se trouve chez les Jiji, c'est lui demander quel crime il a commis. La question est pour le moins impudente.

Parfois, le message se fait plus grave :

LES ENFANTS DU FICUS

Une devinette lozi nous propose :

> **Bana ba Kiti babina yena habini** (R) **Kimatali nikota**
> Les enfants de Kiti dansent, lui pas. (R) Les feuilles et l'arbre.

---

67 KAGAME, 1956, pp. 214-215.

Il ne semble pas qu'actuellement en lozi, le nom donné dans la question ait un sens intelligible. Un Rwandais y reconnaît facilement igiti : l'arbre. Entre les feuilles et l'arbre, il y a une relation enfant -- père[68]. Des devinettes très proches de celles-ci existent au Rwanda, mettant en scène l'arbre ficus.

> Kamanutse kíibaraanga kati nkazaagaruka aha mba naambuye daatá
> (R) Akababi k'umuvumú
> Il descend en se balançant et dit : je ne reviendrai plus ici, que je dépouille mon père si j'y reviens. (R) Une feuille de ficus.
>
> Kamanutse heejuru gákubita agatoki ku kaǎndi kati nkazaasubirayó mba ndóga daatá (R) id.
> Il descend de haut en claquant son doigt sur un autre ; il dit : je n'y retourne plus ; que j'empoisonne mon père si j'y retourne. (R) id.

L'image de la séparation de la feuille et de l'arbre est l'image de la séparation père - enfant. Elle est présentée avec un commentaire qui incite au détachement à l'égard du père. Dans le temps il faut que les feuilles se détachent du tronc. On trouve encore cette expression :

> Kati barararara kati baǎ nkazasubirayó mba náambuye uwaǎmbyaaye
> Il dit grrrr... je n'y retournerai pas. Plutôt coucher avec celui qui m'a enfanté.

Exprimant à la fois la peur et la nécessité de cette séparation, la devinette est un enseignement sur la famille dans laquelle les relations de filiation ne sont pas réversibles[69]. Un item nous donne une indication du même genre :

> Só na dáatá kó vaǎvaga inda imwé baǎtaa nyijwe n'iikí
> (R) Inkoombe z'uurúuzi
> Ton père et mon père alors qu'ils sont frères, qu'est-ce qui les a séparés? (R) Les rives d'un cours d'eau.

Cela rappelle comment on réalisait la division des clans en sous-clans autrefois : un nouveau chef de clan allait se fixer au-delà d'une rivière. Seul le roi était maître des deux côtés de la rivière principale du Rwanda, la Nyabarongo.

---

[68] La mythologie africaine attache une grande importance aux arbres, isolés surtout. Ils peuvent être l'image du père ou le signe des ancêtres. Sur ce problème, cf. Ortigues, *Oedipe Africain*, Paris, 1966, ou G. Calame-Griaule : *Le thème de l'arbre dans les contes africains*, Paris, SELAF, 1969-1974. Sur le ficus, cf. *supra* ch. 5 "Le ficus de chez nous".

[69] Le mythe de Ryáangoombe montre ce héros se réfugiant à l'ombre de l'érythrine et passant ainsi au ciel. Dans des variantes, on dit qu'il s'est réfugié vers un ficus protecteur. C'est une image du retour à la souche paternelle, qui nie l'ordre de la filiation, la temporalité irréversible, et instaure ainsi une religion de salut.

Assurément, ces messages complexes ne sont pas perceptibles sans quelques explications, mais l'enfant apprend à les reconnaître en trouvant des exemples simples d'abord, comme celui qui fait remarquer que les deux rives d'un fleuve sont proches et ne se rencontrent jamais, puis de plus complexes, comme ce dernier, ensuite.

Deux thèmes importants se partagent la plupart des grands symboles en jeu dans les devinettes : la thématique sexuelle et les interdits.

SYMBOLISME SEXUEL

Le symbolisme sexuel des devinettes est le plus aisé à repérer. Dans quelques devinettes, il n'est pas caché : question et réponse correspondent comme symbole et symbolisé. En utilisant ces indications, on peut, de proche en proche, lire dans beaucoup de devinettes, une symbolique des sexes. Elle-même se développe selon deux directions différentes, l'une sexuée, et l'autre proprement sexuelle. D'une part la symbolique des genres dans l'univers familier : masculin ou féminin? D'autre part, l'allusion croustillante, l'une des plus constantes sources de plaisanterie de par le monde.

1. Thème sexuel

Les devinettes à thème explicitement sexuel sont peu nombreuses mais nous donnent la clé de ce symbolisme :

> Naambutse umusaté wasátuwe n'iimaana (R) Igituba
> Je franchis un copeau qui sera fendu par iimana. (R) Le vagin.

Le sexe féminin est souvent comparé à un éclat de bois ou à un bâton, ou encore à un arbre, par opposition au fer qui le coupe :

> Fata só ndoongore nyoko (R) Ishóoka mu gití
> Saisis ton père, que j'épouse ta mère. (R) La hache dans l'arbre.

Les symboles d'objets pénétrants sont nombreux et se passent de commentaires :

> Ndatéeye sínahusha (R) Imboro mu gituba
> Je frappe de ma lance et ne rate pas. (R) La verge dans le vagin.

> Ngira umwuugariro umwé ukuugarira iréembo (R) id.
> J'ai un pieu unique qui obture l'entrée.
> (umwuugariro, pieu de barricade, fiché en terre).

On n'hésite donc pas à parler assez ouvertement de sexualité. Cependant le plaisir est sans doute plus raffiné lorsqu'on le fait indirectement, non plus dans l'ordre de l'analogie, mais par allusion, ou seulement dans la connotation des termes qu'on emploie.

2. Symbolique sexuée des objets familiers

Le lieu privilégié des devinettes est la maison. Beaucoup de questions appellent une réponse concernant les objets domestiques ou les éléments de construction de la maison. Quand on examine l'analogie selon laquelle un élément de comparaison réfère à un objet, on perçoit qu'il y a une ressemblance morphologique ou fonctionnelle : un chapeau et un chapiteau couvrent un sommet, un ventre et une marmite contiennent des aliments, une porte et une bouche permettent de passer d'un extérieur à un intérieur. Mais il y a généralement une voie plus courte pour trouver la réponse : une sorte de système binaire / masculin - féminin /. La marmite est féminine ; les éléments qui y pénètrent, cuiller, spatule, sont masculins. Les cônes du foyer sont masculins. Le feu est masculin. L'usage des objets en fer est interdit aux femmes, sauf l'alène et la houe emmanchée de bois. Les instruments de fer sont masculins : lance, serpette, coutelas. Les nattes sont aux femmes, comme les corbeilles, paniers, calebasses[70], barattes et autres récipients, à l'exception des pots fabriqués par des menuisiers pour recueillir le lait. Traire est réservé aux hommes. Le mortier est féminin, et le pilon masculin. Toute la maison elle-même est féminine et maternelle ; le premier gros bourrelet (urubáriro) qui fait le tour des poteaux verticaux plantés en cercle et qui sont les piliers de la maison s'appellent précisément nyinya : maman. Les piliers et le seuil sont masculins. On désigne vulgairement le sexe de la femme, en disant imuhirá : à la maison. Ces sortes de symboles sont bien connus aujourd'hui. On les trouve un peu partout dans les contes et devinettes d'Afrique. Ils sont susceptibles de quelques modifications locales. Ainsi au Rwanda, le bâton n'est pas symbolique de l'organe masculin, mais féminin.

> Inkoni nziizá ihera mu mahwá (R) Umukoǒbwa uvúuka mu bahuǔngu beěnshi
> Un beau bâton est pris dans les épines. (R) Une fille née parmi plusieurs garçons.

On définit de la même manière l'interdiction de l'inceste avec la nièce, en disant : un beau bâton, mais qui est au bord d'un précipice.

---

70 On trouve un item illustrant parfaitement le thème exploré par Mélanie Klein, Marie Bonaparte, etc. *vagina dentata* :

> Cyagizé améenyo cyaabamaze (R) Ikinyáankári
> S'il avait des dents il vous anéantirait. (R) L'urinal (une calebasse sans col faisant office de vase de nuit).

3. Allusions et double sens

Kubita rutágara twiinjíre igoǒngo (R) Umuhoro n'úrutágara
Frappe le coussinet, ça nous fera entrer dans la forêt. (R) La serpette et le coussinet (pour le portage du bois).

De fait la devinette dit autre chose qu'il paraît à première vue, le terme igoǒngo désignant vulgairement le clitoris.

Naambuje nyoko inkáanda araansekera (R) Ibigóori
Je dépouille ta mère de sa jupe de peau et elle me sourit. (R) Le maïs.

La comparaison s'établit facilement entre la jupe de peau et l'enveloppe de l'épi de maïs, dont on dit ailleurs qu'il sourit de toutes ses dents. La symbolisation relève de la polissonnerie et fait penser à ces fameux mots d'esprit dont FREUD dit qu'ils déshabillent.

Ayíi icyaǎmpa ukagera iwaǎcu (R) Umukeěcuru wuurira umugina
Aïe, pourvu que j'y arrive. (R) Une vieille femme qui grimpe sur une termitière.

Un proverbe rundi nous laisse entendre que la termitière suggère autre chose qu'un simple monticule :

Wuurira igisiǐngu ukabyaara ubunyegeri
Si tu montes sur une termitière tu engendreras des fourmis.

L'amusement issu de la devinette risque d'être moins innocent que prévu! Une devinette apparemment didactique nous amène à distinguer deux sortes de plantes (comme l'oseille et l'épinard) :

Igira inyuma y'inzu ucé inkoni y'umuzó n'umuuzeenzi (R) Urusogó n'urusogi
Va derrière la maison et coupe un bâton d'umuzó et un d'umuuzeenzi.
(R) L'urusogó et l'urusogi.

Les termes de la réponse sont symboliques : urusogó désigne des marbrures de la peau dans la région pubienne, et urusogi suggère la désignation suivante :

Rutuǔmbi rwaa Nyabuhadike (R) Isogi
Le-gros, fils de Fornicateur-par-excellence. (R) Isogi.

La symbolique sexuelle s'exprime aussi par une gestuelle : moudre, baratter, etc.

Mpfukamiye só ndoongora nyoko (R) Urusyo n'iingásiire
Je m'agenouille devant ton père et j'épouse ta mère. (R) La meule dormante et la meule mobile.

Avec :

Dore ibyo bibúno byaa nyoko ngo birúurira uburiri (R) Igisaabo
Voici le gros derrière de ta mère, il est en train de grimper sur le lit.
(R) La baratte,

on a une comparaison qui est amusante : la baratte a le volume et les rondeurs d'un gros derrière. La stéatopygie était appréciée dans l'ancien Rwanda. On range souvent la baratte dans un filet contre la cloison de la hutte, mais jamais au-dessus du lit, car cela serait cause de cauchemars. Mais l'écart des normes va plus loin. On donne à entendre en passant quelques messages inconvenants :

a) le gros derrière de ta mère : c'est peu courtois de parler ainsi de la mère de quelqu'un ;
b) l'action de grimper sur le lit évoque les rapports sexuels, d'autant plus que le geste de baratter est une métaphore triviale pour les désigner ;
c) la baratte qui est une grosse calebasse à col allongé représente la femme, sa fécondité et les organes de la gestation.

La symbolique sexuelle est donc très vaste ; elle peut désigner tout le champ de la fécondité sur quoi repose le Rwanda, toute la famille. Les devinettes explicitent et aident à résoudre les oppositions fondamentales entre les principes masculins et féminins. Une analyse par les archétypes jungiens n'est pas suffisante, car on ne tient pas compte dans cette méthode de la tension du symbole, de son arrière-plan conflictuel, que la devinette, défi, provocation fictive, met bien en relief. En particulier le paisible archétype jungien de la terre-mère n'est pas du tout suffisant, puisque la terre n'est pas à l'origine mythique de l'homme, et qu'elle est pour le moins ambivalente à cause des dangers qu'elle représente : irruption des esprits des morts, trous qui font tomber, relief tourmenté et inquiétant.

DEVINETTES ET INTERDITS

Quelques devinettes énoncent de manière explicite des interdits et attirent l'attention sur eux en signalant le danger encouru : les conséquences de l'action portent malheur.

> Urira Rubóna uboné ishyano (R) Uburiri bw'umwaǎmi
> Grimpe à Rubona et tu verras un malheur. (R) Le lit du roi.

Rubóna est une capitale royale. Il est interdit au profane de voir le lit du roi, dont le pouvoir n'est pas dissociable de la couche. Ishyano désigne la culpabilité par rapport aux interdits.

D'autres mettent l'accent sur la conduite prohibée :

> Aha ari agatí kadacaanwa (R) Isékuru / Intebe / Igisaabo ...
> Voici un bâton qu'on ne brûle pas. (R) Un mortier / Un tabouret / Une baratte, etc.

Ces objets familiers et d'autres ne doivent pas être brûlés sous peine de malheur, et pour des raisons diverses : certains sont en ficus, ou bien en contact avec du lait, ou bien ont une signification sexuelle. Il en va de même pour les cornes de la vache :

> Zaăruumye zibura gicaaná (R) Amaheĕmbe y'iinká
> Les (bûches) sont sèches, mais elles n'ont pas été brûlées.
> (R) Les cornes de la vache.

L'interdit de l'inceste est, nous l'avons vu, désigné par la métaphore : un bâton au bord du précipice (rapport oncle-nièce).

Mais beaucoup de devinettes énoncent l'interdit sans attirer l'attention sur lui, ni sur ses conséquences. Elles jouent plutôt à le faire passer pour un comportement normal. L'interdit de brûler les cornes de la vache peut être présenté ainsi :

> Turaaye ubuzíma haanze hari inkwí (R) Amaheĕmbe y'iinká
> Nous passons la nuit sans feu, et pourtant à l'extérieur il y a du bois de chauffage. (R) Les cornes de la vache.

Les devinettes qui proposent des actions sont souvent en forme de défi aux bons principes : faire une chose impossible comme recueillir de l'urine de poule, couper l'eau, etc. Mais souvent aussi elles provoquent à enfreindre des interdits. Par exemple :

> Toora indyáankwi ntooré indi tujyé kwáasa amatáre muu mpiĭnga ya Cyaamura (R) Amagí y'imisaămbi
> Prends un coin, j'en prends un autre ; allons fendre les rochers au sommet de la colline Cyamura. (R) Des oeufs de grue couronnée.

Une action est proposée, et c'est une chose impossible : fendre des pierres comme du bois avec un coin. Ces pierres sont localisées au sommet d'une colline ; il faut comprendre au pied. Enfin, briser des oeufs d'oiseaux est un interdit, spécialement s'il s'agit des grues, totem dynastique.

Autre exemple :

> Toora agakoni ntooré akaăndi, tujyé kwaambutsa abanyáruminá
> (R) Abagore batwiité
> Prends un petit bâton, que j'en prenne un autre : allons faire passer l'eau à celles qui ont des transports. (R) Des femmes enceintes.

Le nom propre : celles qui ont des malaises, ou des élans joyeux, désigne les femmes enceintes. Elles ne devraient pas monter en bateau ou franchir une rivière dans cet état, de peur que l'enfant (dont le principe vital est l'eau) ne s'écoule. La devinette peut encore montrer du doigt un être méprisable en dénonçant les interdits qu'il enfreint :

> Nyiramugirima asiimbutse urugó atwíite (R) Igikerí
> Celle qui bondit saute par-dessus l'enclos en étant enceinte.
> (R) Un crapaud.

La devinette en effet exprime deux interdits : celui de sauter un enclos, et celui de sauter quand une femme est enceinte.

On utilise enfin le langage des interdits par allusion. Ainsi :

Nteeye intobó haǎkurya nteera indí haǎkuno bíhuuriye hagatí biragaaniira
(R) Indushyi zihuuyé / Imfúra zihuuyé
Je lance un intobó au-delà et un autre en-deçà ; ils se croisent et bavardent ensemble. (R) Deux pauvres qui se rencontrent / Deux nobles qui se rencontrent.

Deux réponses sont possibles par renversement. Lancer l'intobó est tabou chez les Tutsi. Il s'agit d'un fruit dur non comestible, symbole de misère et de stérilité. On ne le touche même pas.

La devinette qui demande :

Nii nde wabáanje kuroongora nyoko? (R) Agatsíinsiino
Qui a d'abord épousé ta mère ? (R) Le talon,

a pu suggérer à un occidental l'idée de la terre-mère. En fait il s'agit, par le détour d'une plaisanterie à thème sexuel, de dénoncer un interdit. Celui qui était fait aux petites filles de s'asseoir sur leurs talons, les orteils seuls étant en contact avec le sol. Prendre cette position (gusútama) était strictement réservé aux hommes.

Ou bien encore :

Mukáa-makomá aratwíte (R) Umufumba w'itaǎbi
Celle aux feuilles de bananier est enceinte. (R) Un fagot de tabac,

qui présente une botte nouée comme enceinte, alors que noeuds et ceintures sont des interdits pour la femme enceinte. En cas de transgression, l'enfant naîtrait étranglé par le cordon.

Enfin, un interdit peut en suggérer un autre :

Nkubise igicumá haasí mbura urujyo (R) Umusuzi
Je laisse tomber une calebasse et ne retrouve pas les tessons.
(R) Un pet.

Le pet sonore est un comportement très déplacé qui n'a d'égal que la rupture des récipients. L'un et l'autre sont interdits. Outrepasser ces interdits entraîne le malheur. Font encore partie du langage des interdits la cendre, le brûlis, symboles de mort et de stérilité.

Ces devinettes qui provoquent à enfreindre des interdits ou à en envisager l'éventualité sont autant de grosses farces dissimulées dans un petit jeu innocent. Elles représentent aussi une manière d'enseigner ces interdits ou au moins de contrôler s'ils sont bien compris des enfants. A ce titre elles jouent un rôle sensiblement équivalent à ces innombrables contes pour l'initiation dans lesquels on voit le héros choisir toujours les mauvaises solutions. Que de recommandations le grand-père sera tenté de joindre aux énoncés d'interdits!

Nous voilà amené à noter une fois de plus que la devinette représente un renversement, un écart maximum, par rapport à une façon normale ou habituelle de faire. Non seulement elle étonne, déconcerte, est inhabituelle, mais elle prend le contrepied des normes de la collectivité rwanda. Il faut pour saisir ce fait, replacer les messages, implicites et explicites, des devinettes dans le cadre plus large des institutions magico-religieuses de l'ancien Rwanda, afin de saisir comment la pensée symbolique circule dans la divination, le langage des interdits, les cultes, et conjointement dans les devinettes.

LES STRUCTURES DE RENVERSEMENT

1. Devinette et divination

Quantité de devinettes reposent sur un renversement de l'ordre normal des choses : hyperboles les plus ampoulées pour désigner les petits objets, métaphore des animaux dangereux pour des animaux paisibles, suggestion de bruits redoutables pour décrire des situations insignifiantes et burlesques. D'autres recourent aux antithèses, faisant par exemple divulguer un secret par une sourde-muette ! A la question Nyabugenge n'ubwenge bwayo, le fin du fin de la finesse, on peut répondre :

Inká kubá umukara igakamwa ayeěra
Une vache qui est noire et donne du lait blanc.

A première vue, on est plus près du "nonsense" que de la finesse. Mais la signification rituelle ou magique des couleurs suggère un sens plus précis : le pur peut sortir de l'impur, le faste du néfaste.

Lorsque le Rwandais va consulter un devin, il ne s'attend pas à des conseils parfaitement clairs comme il pourrait en demander à ses confidents ou à ses amis. Il est troublé par une intervention de l'au-delà, l'esprit d'un mort. Le devin lui parlera un langage qu'il comprend, mais qui reste énigmatique. On doit à Arnoux de posséder aujourd'hui des réponses de devins aux clients qui les consultaient ; par exemple :

> Oya ntasena ntasambura aracyaliho aracyaziha impagalike, ntapfa arakwitwa izina lye, se na nina bamwise ntaya iburemba kwa meziya rukungu ibusakazataka azabar umwana atarabara, azarongora umugore atarongora, azatunga inka ataratunga ntazira ingoma ya Musinga na Nirayuhi, azala kuli aya masaka bateruye iki gisinde, azala inkumbi na inkondorwa. Humura, nta kxo uba.

(*Traduction* Arnoux) Non il ne détruit pas, il ne découvre pas, il est encore là, il leur donne encore le debout, il ne meurt pas, il s'appelle encore du nom sien (que) son père et sa mère l'ont nommé. Il ne va pas au Buremba, chez Mezi de Rukungu, au Busakazataka, il enfantera des enfants qu'il n'a pas encore enfantés, il épousera une femme qu'il n'a pas encore épousée, il recevra une vache qu'il n'a pas encore reçue ; il n'est pas mal avec le tambour de Musinga et Nirayuhi. Il mangera ce sorgho qu'ils ont levé, ces mottes, il mangera la farine, et le sorgho égrené. Sois tranquille, il n'est rien que tu deviennes[71].

Il faudrait de nombreuses pages pour expliquer correctement ces paroles. Quelques termes sont plus directement en rapport avec notre propos : il enfantera un enfant qu'il n'a pas encore enfanté ; il épousera une femme qu'il n'a pas encore épousée. La structure répétitive, le balancement de la phrase outrepasse les requêtes de la syntaxe prosaïque, serait jugé pesant en poésie, mais ressemble beaucoup à ce qu'on trouve dans la formulation des devinettes. Puis quelques mots se présentent sous la forme de noms propres, qui ne sont pas identifiables par le contexte, ni par la situation du client, ni même par celle du devin. Ils demandent une interprétation. On y reconnaît maintenant sans peine des figures basées sur la synonymie, la métaphore ou l'allusion :

Buremba : il s'agit d'une ancienne province au nord du Rwanda. Le devin voile ainsi le verbe **kuremba** : être à l'agonie, pour rassurer son client discrètement. "Il ne va pas au Buremba" peut s'entendre : il ne va pas au lieu d'agonie, et présage une longue vie ; mais étant donné l'éloignement de cette province, le devin ne risque guère d'avoir commis une erreur dans son énoncé si d'aventure le sujet de la consultation venait à trépasser.

Mezi ya Rukuungu. Par antiphrase, le clair de lune de **Rukuungu**, c'est-à-dire de la terre, désigne l'obscurité du tombeau. On reconnaît un procédé assez fréquent dans les devinettes.

Busakaaza-taka : ce nom fictif peut évoquer l'action d'enterrer un défunt : couvrir avec de la terre, à moins qu'il s'agisse d'une allusion à ces étrangers dangereux qui avaient attaqué vers cette époque le Nord du Rwanda (cf. note 56).

Consulter le devin consiste donc à lui demander d'éclaircir le mystère d'une destinée. Lui, il rassure en indiquant des amulettes - dont on a vu le rapport avec les devinettes (cf. *Avant-propos*) -, ou en renvoyant des propos énigmatiques, susceptibles d'interprétation à des niveaux différents. L'exemple proposé par Arnoux est un exemple assez simple ; pour de riches clients, les devins trouvaient certainement des messages encore plus ambigus.

---

71 Arnoux, 1917, p. 13. (L'orthographe est celle d'Arnoux.)

La devinette n'a pas une fonction divinatoire, mais il est évident qu'elle introduit et fait participer à un lanage de ce type et aide à se reconnaître dans le labyrinthe des interprétations.

2. Le culte de la société secrète des Imandwa

Pour autant qu'on le connaît et que les interprétations ne l'ont pas déformé, ce culte présente de la manière la plus nette des itinéraires de renversement, des structures d'expression à l'envers. Ryáangoombe, le héros mythique qu'on honore par ce culte, fut, dit-on, encorné par une femme changée en buffle et disparut de chez les mortels dans l'ombre d'une érythrine rouge (umukó). Depuis, il règne au milieu de ses serviteurs auxquels il fait partager une vie bienheureuse sur les sommets du Muhabura. Sa vie "terrestre" telle que les contes la rapportent n'est qu'un tissu d'interdits enfreints et d'exploits immoraux :

> "- Attends donc qu'à mon tour je te dise comment je m'appelle. C'est moi qui suis le Prix, je suis l'Acheteur, je suis la femelle du léopard stérile qu'on n'achète pas ; c'est moi qui suis Celui qui a des rapports avec la fille et sa mère pour cumuler les cadeaux ; c'est moi qui suis le Gris, fils du Défenseur du tambour, c'est moi qui suis le Tombeur du Buhima ; c'est moi qui ai tué Je sais tout, j'ai tué le Violateur des secrets". Il a tué dit-on Lui aussi en a. Il dit : "C'est moi qui suis Celui qu'on attend à l'entrée principale et j'apparais aux portes dérobées ; je suis l'Opiniâtre, je suis le fils de Rugina ; c'est moi qui suis le coude qui ne passe pas la nuit sans vierge, c'est moi qui suis l'épée qui ne passe pas la nuit sans chair, c'est moi qui suis les Chicots remplis de graisse. C'est moi qui suis celui qui a des rapports avec la fille et sa mère pour cumuler les cadeaux, c'est moi qui suis Celui qu'on attend à l'entrée principale quand j'apparais aux portes dérobées ; je suis l'Opiniâtre, je suis le fils de Rugina"[72].

Lors du culte initiatique, des hymnes sont adressés à ce héros subversif et à ses serviteurs ; ARNOUX rapporte un chant de louange à Binego en ces termes :

> Ababa ndi Lubaga Lwamukana rubagira inkungu, ibisiga bikahaga yise nirutusinde tubura ikitsotsa ; yise nirakatoke (..) yise nirarume, asangira na nana. Ndi kirasi namukanura ndi itsobo kivuna imbyeyi, ndi urugo rutatahamo inana. Ndi isumbi ndi iseke nanuze mu nka za marume; izakamwaga zirateka izahakaga zirakongoza ndi rukarabankoba, ndi inkuba ya Narazana ; simbara simbarwa...

---

[72] COUPEZ et KAMANZI, 1962, Récit 13, 17-19. Sur la signification du Kubandwa, dans le cadre de la civilisation interlacustre, cf. L. DE HEUSCH, 1966, qui en souligne la valeur subversive par rapport à l'organisation sociale et à la monarchie en particulier.

> (*Traduction* Arnoux) Ababa, je suis Rubaga Rwamukana qui tue les sans-cornes ; les vautours s'en repaissent ; il a tué le posssesseur de mottes qui n'a plus qui les écrase ; il a tué le possesseur d'une petite bananeraie (...) Il a tué son oncle maternel, il fréquente sa mère. Je suis l'abcès, une plaie purulente, je suis le trou qui brise (les pattes) des vaches mères, je suis le **rugo** où ne rentrent pas les génisses. Je suis, je passe parmi les vaches de mon oncle maternel : celles que je vois traire s'épuisent, celles qui étaient pleines ne mettent plus bas, je suis celui qui lave ses mains avec du sang, je suis la foudre de Nyirazanza (mère de Binego) ; je n'enfante pas, je ne suis pas enfanté[73].

Cet autopanégyrique est un véritable défi à l'ordre des choses : inceste, stérilisation par un simple regard, sodomie, crime et sadisme, rien n'est assez subversif pour parvenir à sortir du temps : ne pas être enfanté. Les poètes maudits les plus fougueux auraient encore bien des leçons à apprendre de lui! Le rituel (**kwáatura**) présente des aspects semblables, des défis à l'ordre naturel ou social : le roi du Kwatura peut boire avec un chalumeau bouché, et il demande qui peut faire comme lui. Il dit briser une épée avec les dents, détacher un morceau de la pierre à moudre par le même expédient. Dans un épisode nocturne, prenant une braise ardente qu'il lance en l'air et fait retomber aux pieds de celui qui reçoit l'initiation, il déclare décrocher les étoiles. Toutes ces métaphores en action de l'impossible vaincu, pour signifier que le secret initiatique ne peut être violé par ceux qui le reçoivent en dépôt. Même la bière qu'on boit à cette occasion est une sorte d'anti-bière (**ubgahuru bya Ryáangoombe**), car on la verse dans des gourdes qui transmettent leur amertume à ce qu'elles contiennent (**imitaanga**). Le nom reçu au **kubandwa** est un nom de dérision : **Buzíingo**, le chétif ; **Kamana**, la petite chance... et la langue des initiés, différente du kinyarwanda dans son vocabulaire, repose sur un principe semblable. Un enfant initié s'appellera un chien qui en suit un autre, les légumes seront appelés **iziboze** : les poisons. Pour les patates douces, on usera de la métaphore hyperbolique : pattes de la foudre. Toujours le grand est désigné par le petit, le petit par le grand, le souterrain par le céleste, et le sommet par le bas-fond.

Les textes de louange aux **imandwa** ont-ils influencé l'expression populaire, dans un monde où le plus grand nombre finissait par se trouver initié ? Les textes reprennent-ils au contraire des clichés populaires ? Peu importe finalement si l'on voit bien comment à partir d'un fait, l'accident stupide qui arrive à une vache par exemple, des motifs peuvent être élaborés. On aura

---

73 Arnoux, 1912, pp. 846-847. (L'orthographe est celle d'Arnoux.)

ainsi un jugement, prétexte à un enseignement :

> **Kaashira amáanga karakanyagwa** (R) **Akoobo kavuná imbyéeyi**
> Il ne manque pas d'insolence ; qu'il soit maudit.
> (R) Le trou qui brise (la patte d'une vache) mère,

et d'autre part une métaphore de l'action subversive et salvatrice : dans l' **igisingizo** de Binego cité plus haut.

En somme, les motifs les plus fréquents exprimés dans les devinettes ne peuvent être séparés de conflits, de paradoxes, d'interdits enfreints, de proclamations subversives. Dans leur expression même, ils utilisent un langage renversé. A nos yeux c'est principalement par ce renversement qu'ils sont des motifs symboliques. Il nous reste à situer ce ou ces renversement(s) dans la pensée rwandaise.

VII. MÉTALANGAGE

Rassembler les motifs d'opposition et d'une manière générale les "motifs étonnants" devrait permetrre d'aboutir à cerner des antinomies, des paradoxes, des antithèses fondamentales, à la racine des devinettes. Parmi les motifs les plus fréquents et pas nécessairement explicites, quelques-uns dressent une sorte de fond de tableau, qui permet de situer la devinette dans la parole en général, et dans la vie toute entière[74].

VOIR DANS LES ENTRAILLES

Kó undorá ndagúha (R) Umweěnge w'inzu
Puisque tu me regardes, je vais te récompenser.
(R) Un trou d'une maison.

On considère comme une offense grave de pénétrer sans s'annoncer dans l'enclos de quelqu'un, plus encore de regarder dans la maison de quelqu'un. Pourtant les enfants le font souvent comme par envie. La devinette épingle ce défaut en donnant comme réponse à l'interpellation du propriétaire, les circonstances du délit : il y a un trou dans le mur et un indiscret y a jeté un regard. Les Rwandais ont horreur des trous. Plus précisément, ils redoutent le regard qui permet de voir l'intérieur.

Ahóo ndí aha ndareeba mu mahara ya Nkóroonko
(R) Ikigega kirimo ubusá
Maintenant que j'en suis là, je regarde dans les entrailles de Nkóroonko.
(R) Un grenier qui demeure en vain.

---

[74] Des quelques devinettes analysées ici, on ne peut tirer que des bribes du *métalangage* culturel rwandais, ouvrir un champ d'hypothèses nouvelles pour interpréter les faits de cette culture. Non seulement les autres genres littéraires oraux peuvent faire l'objet d'approches semblables, mais aussi la danse, les rites, le langage très riche des interdits, les techniques, et par exemple ces admirables motifs décorant les vanneries qui semblent géométriques et abstraits à l'oeil étranger, dont le déchiffrement symbolique ne peut être opéré au niveau manifeste, mais qui "parlent" d'eux-mêmes, ne serait-ce que dans les oppositions de noir et de blanc ; ou encore l'ensemble des fers de lance d'apparât, qui sont comme autant de blasons.

La réflexion d'un pauvre homme devant son grenier vide ou hors d'usage : on voit dans les entrailles du grenier. Une autre devinette suggère la même impression. Parlant du sable au fond de la rivière, on dit qu'il est vu à travers les entrailles de celle-ci. Une devinette se moque du filet en lui reprochant de nombreux trous au derrière !

Les organes qui présentent des ouvertures par lesquelles on pourrait voir l'intérieur du corps constituent un danger. Dans toutes les cultures, des devinettes ont pour réponse la langue et les dents. En République Sud-Africaine on dit : un blanc entouré de ses policiers. Au Rwanda : un père blanc et ses séminaristes. Mais on y présente aussi la langue comme la maison et les dents comme l'enclos : ce qui cache la maison, l'intérieur. Il est très déplacé de montrer sa langue et même ses dents. La bouche est faite pour être fermée. Une devinette qui suggère que la porte de la maison est une bouche ouverte qui ne parle pas, revêt un sens répressif. Elle critique ce mauvais comportement. Les excréments frais qui s'opposent aux bouses sèches et utiles à certains travaux domestiques, rappellent le danger des entrailles vulnérables. Les aliments dont on craint qu'ils empoisonnent renvoient aussi au même parcours symbolique et inquiétant. On ne prend de repas que bien protégé par les murs de la maison, porte fermée. Plusieurs devinettes définissent les nobles comme ceux qui ne mangent pas et ne dorment pas ; en quelque sorte ceux qu'on ne risque jamais de surprendre dans une attitude qui rend l'"intérieur" vulnérable.

Un motif d'amusement qui revient souvent : la queue de la chèvre ; toujours relevée, elle laisse percevoir un trou à la fois impudique et inquiétant. Mais tous les orifices ne sont pas des trous pour les Rwandais. Le nez n'est pas un réceptacle ou un trou, car il souffle comme un soufflet ou secrète du miel comme la ruche. L'oreille n'est pas un trou, mais un récipient, et parmi les meilleurs : pot à onguent, par exemple. Ces orifices ne communiquent pas avec les entrailles. Le sexe de la femme représente un cas bien particulier. A l'inverse de la plupart des symboliques connues qui présentent cet organe comme un réceptacle - la fameuse boîte à ciseaux de FREUD - le symbolisme rwandais en fait un petit bâton, **agakoni**. Une pratique obligatoire pour les petites filles, **ugucuna**, leur impose d'étirer les *labia minora* d'une longueur de deux phalanges. Selon BIGIRUMWAMI cette pratique, qui rapppelle ce que les anthropologues désignent du nom de "tablier hottentot", a pour but de dérober à la vue l'intérieur des entrailles de la femme au moment des accouchements. Lorsqu'une jeune fille dira :

Agakoni kaanjye ka Rutigáatiga naashaaká naagatuura umwaămi
(R) Ingabo y'ubúuki
Mon bâton, le frémissant, si je voulais, je l'offrirais au roi.
(R) Un rayon de miel,

il n'y aura pas d'ambiguïté sur la nature du cadeau proposé au roi. Le coussinet de portage, qui est une tresse d'herbe circulaire, est tabou : on ne doit pas le lancer, le brûler, le poser dans la cendre. Son orifice béant évoque la vulve ouverte de la vache, autrement dit une fécondité qui s'échappe.

La divination qui permet de "maîtriser" l'avenir se pratique principalement en lisant dans les entrailles d'animaux.

Les organes qui ont des ouvertures fermées sont le modèle même du bon organe. Une devinette souligne cette qualité du sphincter du taureau. Mais c'est le sein et le pis de la vache qui, par excellence, sont exemplaires à cet égard.

Nyabugeenge n'ubwenge bwáayo (R) Inka gucurika icebe ntimene amata
L'énigme par excellence et son énigme. (R) La vache a des mamelles tête en bas, et ne laisse pas couler le lait.

Cette apologie des ouvertures fermées est un modèle culturel très important. Il va de pair avec la modération de l'expression requise de tous. Les paroles inconsidérées, sous l'empire de l'ivresse par exemple, sont scandaleuses. Elles laissent paraître l'intérieur des entrailles (kuzana amaraká), le siège de la volonté ; elles rendent vulnérable. Plusieurs devinettes mettent d'ailleurs en corrélation la parole et la lactation. Le sein d'une vieille femme déclare "moi aussi je me suis tu !" Du lait qui gicle dans les pots à traire, on dit qu'il "parle dans le bois", etc.

DES BRUITS INQUIÉTANTS

Kari butuumbé kari buturike inominepaatiri Kaabgáayi (R) Inóopfu
Ce qui est gonflé, ce qui va péter, in nomine Patris, Kabgayi.
(R) Du sorgho pourri.

Cette devinette comporte deux messages : l'idée d'éclatement et un commentaire imité du latin. Les variantes de la réponse sont nombreuses et peuvent être réparties en deux catégories selon qu'elles répondent à la première ou à la deuxième partie de la question. C'est le pyrosis, une sorte d'aérophagie des sous-alimentés, aux conséquences bruyantes et imprévisibles ; l'éclatement d'un pneu ; un ballot de sorgho qui résonne bruyamment quand on le laisse tomber ; un grain de maïs qui éclate quand on le fait griller ; et c'est aussi le chapelet et les prières ; la lettre de l'évêque, le signe de croix. En fait, toutes ces réponses n'en font qu'une. Elles appartiennent toutes au même système.

La prière, le chapelet, le signe de croix, etc. sont ridiculisés par le rapprochement avec l'éclatement d'un pneu ou l'explosion du ballot de sorgho. A Kabgayi, première cathédrale du Rwanda, les prières sont de véritables explosions. En tout cas ce sont des paroles qui ne sont pas mesurées, retenues avant d'être prononcées. La devinette dénonce la récitation mécanique, la lettre de l'évêque criée devant la foule, etc. Bref, un comportement culturel en matière de parole qui est étranger au Rwanda.

Le pet, le rot (ubwáangati), les relents d'estomac (ikirungurira) sont des bruits inquiétants venus des profondeurs du corps. On ne compte pas les devinettes auxquelles on peut répondre : umusuzi : un pet. De même les bruits venus du sous-sol, de la terre, des profondeurs du séjour des morts, sont des signes menaçants. Dans cette devinette caractéristique, ils vont devenir la métaphore de la famine :

Bihiindira ikuzimú (R) Inkono y'ámapfá
Ce qui résonne dans le sous-sol. (R) La marmite au temps de la famine.

On n'a pas oublié que le roi des enfers, le Tonitruant, dont les sujets portent des glaives. Les onomatopées, les mentions de bruits redoublés comme

Karabunombanomba karabukatakata
Akamaniimbaniimba amakaacikaci...

la forge, la grêle, les piétinements hostiles, etc. sont souvent rattachés à des odeurs nauséabondes évoquant un charivari infernal et sont des signes du chaos. Rappelons que l'engagement d'une escarmouche guerrière se fait par un pet, et que notre petit héros Kahanuze rappelait ses dettes à son roi par un vent nauséabond.

On nous objectera alors le tonnerre, le tambour, le chant du coq, la parole du roi qui "retentit comme la chute d'un arbre". Mais le comportement modèle qui s'oppose au charivari n'est pas le silence vide. C'est l'expression maîtrisée. Le chant du coq règle le temps. Une belle devinette ne dit-elle pas :

Ijoro riraara hehe ? (R) Ku mutíma wa Rúsaǎke
Où la nuit passe-t-elle la nuit ? (R) Dans le coeur du coq.

Il symbolise la maîtrise du temps, et pour cette raison, le droit de dominer[75]. Le tambour rwandais n'est pas un tambour parlant par opposition de tons hauts et bas, brefs et longs, comme on en trouve au Cameroun par exemple.

---

[75] P. Smith, 1970 (b).

Son langage correspond plutôt à des sonneries comme ailleurs le glas, le tocsin ou les sonneries de trompe de chasse. C'est un langage qu'on attend, qui ne prend pas au dépourvu. De ce point de vue, la foudre est ambivalente : tambour du roi du ciel, elle est aussi l'expression de sa volonté absolue. Elle est donc dangereuse, mais jamais néfaste.

On aboutit ainsi à une opposition fondamentale entre :

a/ - les bruits souterrains, dont il n'est pas étonnant qu'ils inquiètent et prennent au dépourvu en pays volcanique, et toutes les métaphores de ces bruits : pets, relents, explosions, bafouillement de la marâtre en colère. On se rappellera d'autres métaphores du volcanisme comme déféquer des pierres, jeter dans le brûlis, etc.

b/ - la parole ordonnée, les sonneries de tambour, la musique et la littérature, en commençant par les devinettes dont nous nous efforçons de montrer qu'elles ne sont pas des paroles peu ordonnées.

D'innombrables proverbes au Rwanda et au Burundi soulignent le danger d'une parole désordonnée :

> **Akaréenze umunwa karushya ihamágara**
> Ce qui a franchi les lèvres est difficile à rappeler.
>
> **Umutavu w'ururími uracá ntúziríkwa**
> On ne parvient plus à lier le veau de la langue quand la corde est cassée[76].

Cette opposition générale entre des manifestations trop naturelles et les expressions de la culture n'explique pas tout ; elle présente à son tour des paradoxes et des degrés intermédiaires. Par exemple les plantes, et singulièrement le bananier, émergent du sous-sol, mais en étant chaud, vivant :

> **Gaturutse ikuzimú gáshushye** (R) **Akáana k'iinsína**
> Il sort du sous-sol tout chaud. (R) Le rejeton du bananier.

La pipe peut être décrite comme ce qui émet des bruits semblables à des pets, ce qui dégage de la fumée, ce qui donne des cendres (stérilisantes), ou bien comme la métaphore de la marmite (**inkono y'itabi**) féminine, dans laquelle s'adapte avec précision une tige de bois, symbole sexuel obvie. Tel est précisément l'intérêt du langage : pouvoir mettre en forme et ordonner les expériences d'après ce repérage primordial. Selon qu'on est agriculteur ou éleveur, Hutu ou Tutsi, il est à prévoir que les phénomènes ne seront pas exprimés identiquement. Cependant, les devinettes recueillies entre 1960 et 1970 donnent une interprétation idéologique du rapport entre nature et culture, entre la terre

---

[76] NKONGORI, 1957, n° 42 ; RODEGEM, 1962, n° 3028.

qui parle et les entrailles qui s'entr'ouvrent d'une part, et la parole d'autre part, quand elle est maîtrisée, rusée.

En effet, les devinettes qui décrivent l'agriculture, disent les mérites de la houe, du maïs ou d'autres plantes ; les devinettes qui nous présentent le grenier[77] le font par référence à des insignes et des symboles d'un système autrement agencé : par référence à l'univers de la vache, du roi, du lait. Les passe-partout les plus utilisés sont les enfants, la vache et le roi.

L'IDÉOLOGIE RWANDAISE : LE ROI, LA VACHE, LE LAIT

Qu'est-ce qui a commencé ? Des vaches primipares. Beaucoup de devinettes font l'apologie de la vache, de ses cornes qu'il ne faut pas brûler, de ses pis, comparés à des plantes utiles ou à des rois, de ses poils aussi qui sont inépuisables, et surtout de son lait, comparé à un père nourricier (umurezi). Tout ce qui se rapporte au lait est honoré : le beurre, qu'une devinette, véritable petit mythe d'origine en abrégé, décrit dans ces termes :

> Cya Kíbugabuga cyaa Nkurikiyinká cyaǎvuuye i Karágwe kígeenda imbere y'umwaǎmi (R) Isoro ry'amavúta
> Ce-qui-s'étend-de-tous-côtés[78], fils de Celui-qui-suit-les-vaches, est venu du Karagwe[79] en marchant devant le roi. (R) Une motte de beurre.

Le beurre est donc dépendant du roi. La baratte qui sert à le faire est appelée l'enfant du roi :

> Umwáana w'umwaǎmi yaruka waanywá (R) Igisaabo
> L'enfant du roi vomirait, que tu boirais. (R) La baratte,

s'oppose à une vulgaire cruche de terre, appelée l'enfant du Twa. Dans des devinettes, le lait est la métaphore du roi.

> Nkubise igití umwaǎmi anyumva néeza (R) Umutóozo
> Je frappe un arbre et le roi m'entend bien. (R) La spatule (avec laquelle on tourne le caillé).

---

[77] Igihoondohoondo cy'amaguru munaǎni (R) Ikigega
Un dragonier à huit pattes. (R) Un grenier.

Cette devinette décrit le grenier par sa perfection : huit pattes, mais aussi en renvoyant à l'arbre qui signale les enclos des grands. Les provisions tiennent lieu de distinction.

[78] Allusion probable à une pratique divinatoire : on fait fondre du beurre dans le creux d'un tabouret et on observe la répartition.

[79] A l'Est du Rwanda, au Nord de la Tanzanie.

Nturutse mu nsí y'urugó n'umva Rwogéra aravúgiriza
(R) Urushuǔnzi mu cyaǎnsi
Je viens de l'enclos aval et j'entends Rwogera siffler.
(R) Le jet de lait dans le pot.
(Rwogera est un roi pasteur ; siffler est un acte qui écarte les envoûtements, du moins quand il est accompli par un homme.)

La cohérence de certaines devinettes repose sur la mise en rapport des deux éléments : roi et lait (ou beurre, vache...)

Icweende ryaa béene Kínogá ryisigirana beěne-Kigeri
(R) Ugutwi kw'iimpfiizi
Le pot à beurre des gens de Kinoga sert seulement au maître Kigeri.
(R) L'oreille du taureau.

ILe beurre est un onguent de luxe. Kínogá signifie le Souple et permet de spécifier l'oreille, comparée à des récipients à beurre. On n'est pas sorti du domaine de la vache, propriété du roi. La réponse désigne une coutume divinatoire : avant l'examen par des spécialistes des entrailles du taureau, le roi guerrier Kigeri, plaçait de sa salive dans l'oreille de celui-ci.

Un conte rapporte qu'un prince qui s'était blessé n'avait pas vu couler du sang de sa plaie, mais du lait, et qu'il avait été reconnu roi à ce signe.

A l'opposé, on a des moqueries contre le lait de brebis et de chèvre ou des indignations devant les offenses faites aux vaches : le trou qui brise la patte d'une vache, la souche qui la fait trébucher sont aussi irrespectueux que le moucheron qui se promène sur le front du roi ou sur le tambour, ou encore que la vieille femme qui prétendrait coucher avec le souverain. Voir aussi cette plaisanterie :

Akatágirá inká ntikágire umugeni kagura ikí ?
(R) Agahaǎnga k'ihené
Le pauvre qui n'a ni vache ni épouse, que vaut-il ?
(R) Le crâne d'une chèvre.

On se moque de celui qui ne possede pas de vache, du pauvre cultivateur. L'ubuhake, institution de la vassalité par laquelle les Tutsi confient des vaches aux Hutu en échange de services matériels, est indirectement orchestrée dans les devinettes. La domination politique des éleveurs sur les cultivateurs s'exerce en effet selon un langage qui tend à se substituer à un autre. Le type même de la fécondité est dans la vache et non dans les produits agricoles. Le bananier est d'une petite fécondité, du moins en comparaison de la vache.

Inka yanjye ibyara rimwe igatemba (R) Insina
Ma vache vêle une fois et s'abat. (R) Un bananier.

Le verbe traire (**gukámwa**) s'est imposé pour signifier exploiter même avec des compléments comme bananeraie, forêt, marais, légume, ruche, houe, etc. Même avec un arc, une devinette emploie la métaphore "traire". Or la fécondité est la racine du pouvoir ; en garantir magiquement la réussite est la raison de garder le pouvoir. La parole maîtrisée, opposée au chaos, peut être un excellent moyen de persuader de cette supériorité.

Voilà qu'on ne devra pas oublier pour définir la fonction de la devinette dans la volumineuse société rwandaise qui, au cours de ces deux derniers siècles au moins, a été affrontée au problème de la centralisation monarchique : fait-elle on non l'apologie de l'ordre ?

VIII. FONCTION DES DEVINETTES DU RWANDA

Pour plusieurs raisons il n'est pas possible de pousser aussi loin que souhaité la réflexion sur les fonctions des devinettes au Rwanda. Pas de renseignements valables sur la communication des devinettes (y a-t-il on non des devinettes ésotériques ?). Pas de renseignements sur les devinettes dans le passé, à la cour, chez les Twa. On peut seulement croire que celles d'aujourd'hui reflètent pas trop infidèlement une situation assez ancienne.

Peut-être y aurait-il aussi quelque exagération à donner une fonction spécifique à chaque forme d'expression. On peut se demander légitimement si chaque cas particulier, devinette, proverbe, chant, poème, ne gagne pas à être interprété dans un ensemble fonctionnel plus vaste : la parole fixée et communiquée par la tradition. Le jeu divertissant et spirituel que nous avons exploré n'est pas d'un poids absolument déterminant dans la vie sociale. Il égaye de quelques rires la monotonie des jours, il rafraîchit les esprits à l'occasion de la veillée. Il semble donc que nous pouvons difficilement dépasser le stade de quelques remarques sur la fonction des devinettes.

Cependant le jeu et les messages tout de même importants qu'il véhicule sont solidaires ; si les devinettes devaient disparaître au profit d'autres moyens de communication des messages importants de la société, cela signifierait qu'une autre forme de société se met en place. C'est le cas de nos jours où le poste à transistors et le cinéma prennent la relève en menaçant la survivance des traditions orales. Nous pouvons donc sans abus situer ces devinettes sous plusieurs éclairages différents et souligner au moins leur portée dans la vie collective.

Portée pédagogique : les devinettes transmettent un enseignement et forment l'esprit aux réactions attendues de chacun dans la collectivité. Qui ignorerait les devinettes n'ignorerait pas seulement cela.

Portée littéraire : les devinettes s'écartent de la prose utilitaire. Cet écart est similaire à celui qui sépare aussi la littérature élaborée de la prose quotidienne. Ce n'est pas par hasard.

Portée humoristique : support de communication, la devinette permet de faire venir au jour des sentiments : pitié, agressivité, craintes, et ainsi de les assumer en exprimant des valeurs et des critiques à la société. Comment ?

PORTÉE PÉDAGOGIQUE DES DEVINETTES

Au Rwanda, les devinettes constituent assurément un moyen non négligeable de transmettre des connaissances dans divers domaines. On peut dire qu'elles remplissent une certaine fonction didactique. Sans citer à nouveau des items qui ont illustré sous d'autres rubriques les chapitres précédents, rappelons quelques thèmes :

bienséance : très souvent les devinettes expriment ce qu'il convient de ne pas faire ou sanctionnent par une moquerie le comportement déviant.

magie : les devinettes décrivent les interdits et évoquent le malheur (**ishyano**) qui s'en suit. Par précaution cela se fait fréquemment en termes voilés, et comme le rappelle l'interdit qui pèse traditionnellement sur les devinettes : pas au grand jour.

ruse : (ce qu'on appellerait en termes scientifiques : psychologie) par des portraits appuyés de caractères qu'on a intérêt à connaître à l'avance : le jaloux, l'indiscret, l'envieux, la devinette prévient son auditeur des difficultés de la vie collective. Les animaux des contes transmettent un enseignement semblable. Nombreuses descriptions de comportements : confidences , chagrins, précipitation et envie, la bousculade pour la nourriture en temps de famine.

vie pratique : la différence entre certaines plantes, l'usage des remèdes traditionnels. Ces devinettes sont en nombre très limité et leur pointe se situe en général ailleurs.

morale : ce qu'il faut respecter : le roi, les vaches, le bien d'autrui ; et ce qu'il faut mépriser : les chiens, les chèvres, les Twa, si l'on désire être bien considéré dans la société. Ce dont il faut se garder : les sorciers, les nourritures qui empoisonnent, les gens hostiles à l'égard du Rwanda. Fréquentes mentions des gens hostiles, ironie à l'égard du colonisateur. La vanité, la hâblerie sont particulièrement dénoncées : on a la clé de quantité de devinettes si l'on sous-entend en introduction : qui dirait en se vantant...

En un mot : la plupart des éléments de socialisation qui entrent dans un enseignement. Mais ces enseignements se présentent d'une manière non contraignante. Ils sont simplement disponibles. Disposant de ces paroles dans le jeu, l'enfant peut en quelque sorte se livrer à une exploration de son corps social - et le jeu est un dialogue - comme tout petit il a exploré son corps propre. L'enfant qui, à la longue, se refuserait à donner des réponses aux devinettes manifesterait ainsi sa mauvaise volonté à s'agréger à la société. Plutôt que de fonction sociale didactique, il convient donc de parler de portée pédagogique.

Utilisée habilement la devinette peut être prétexte à des développements et commentaires éducatifs. C'est la manière dont usaient les grands-pères paternels pour former leurs petits-fils avant l'époque où l'on prit l'habitude de confier à l'école le soin de les instruire.

Il ne faut pas manquer de relever ici une dimension de certaines devinettes, explicite quand on emploie l'expression **naaguteera**, je te défie, et très souvent implicite, qui est bien particulière à la société rwandaise et à sa pédagogie. Les devinettes qui sont des insultes au père du partenaire, des moqueries à l'égard de sa mère, ou des défis pas seulement à sa ruse, mais à son courage, rejoignent l'habitude ancienne de se moquer des jeunes garçons pour éprouver leur patience et les entraîner à demeurer impassibles même en face d'outrages qui pour tout autre auraient pleinement justifié la colère.

La devientte apprend à juger, à ne pas se fier aux apparences ; elle informe l'intelligence, stimule la mémoire, éveille les fonctions logiques de l'enfant ; elle ravive ces virtualités chez l'adulte. Pédagogie humoristique de la vie en société et de la conduite de l'intelligence personnelle, fondée sur un humour teinté de scepticisme, voire de cynisme, mais aussi une conviction en la valeur de la culture, la devinette est comme le premier degré d'un enseignement qui sera continué par des contes, des proverbes ou des devinettes plus difficiles et qui sera repris collectivement la vie durant en une sorte de formation permanente originale.

La devinette entraîne la mémoire : le jeu est stimulant de cette fonction si développée dans une société sans écriture. Une question se pose : la devinette joue-t-elle un rôle de conservation du passé ? Sûrement pas au même titre que la littérature de cour et la poésie. Mais à l'occasion, elle peut retenir des faits que les genres nobles auraient volontiers passé sous silence : l'arrivée des explorateurs, la culture obligatoire du café, l'impôt. Les devinettes qui ressemblent à des devises ont certainement cette fonction. Mais on l'a signalé, cette conservation est toujours réinterprétation. La devinette ne joue jamais le rôle statique d'archives.

Les devinettes constituent aussi un élément d'enseignement du langage. Cela seul peut justifier qu'à côté de devinettes aussi complexes et obliques, on trouve de simples onomatopées ou des réponses qui riment avec la question, très faciles à trouver et à mémoriser. Les systèmes de réponses, les mots synonymes : autant d'exercices élémentaires de langage. On trouve même des variations sur les étymologies, comme les diverses réponses à cette onomatopée :

Buguti buguti	brr...
(R) Ihené ibúgutira amatovu	Une chèvre qui fait Brrr dans les chardons.
Umugoré ubúguta muu nkáanda	Une femme qui fait Brr avec sa jupe.
Umusóre ubúguta muu ngabo	Un jeune homme qui fait Brr dans l'armée.

(Brr, étant mis pour brouter, froisser, se presser.)

Rappelons encore les tongue-twisters et schibboleths qui ont une utilisation orthophonique tout indiquée. Le jeu de devinettes serait à sa manière un manuel de langue rwanda sans les larmes, avec entraînement progressif et révisions systématiques !

La devinette enfin apprend à communiquer avec autrui, en donnant le matériel nécessaire à des prises de contact ou des entrées en matière par lesquelles on peut ne pas se dévoiler immédiatement et réserver pour plus tard une expression qui engage.

PORTÉE LITTÉRAIRE DES DEVINETTES

Dans quantité de sociétés africaines, bantoues notamment, jouer aux devinettes constitue une préparation directe à l'initiation des adolescents à la vie adulte et responsable. Les données de cette initiation sont un peu partout semblables : à l'occasion d'une retraite en brousse où ils seront circoncis ou excisés ou frappés à mort symboliquement pour marquer leur arrachement au monde de l'enfance et leur naissance au monde adulte, les jeunes accèdent à la vie responsable. Lors de cette initiation, ils devront apprendre une langue secrète, ou par exemple retenir des maximes de sagesse transmises par les ancêtres, dans une langue d'allure archaïque. Les détails importent peu ici; une chose est certaine : les devinettes qu'échangent les enfants parlent déjà de cette mutation à subir en donnant un avant-goût des formules qu'il faudra enregistrer. Rien de cela au Rwanda. Il n'y a pas de trace d'initiation collective, pas de classes d'âge. Les rapprochements que nous avons pu faire entre le langage des devinettes et celui du Kubandwa (initiation secrète et sans rapport avec l'accession à un statut social reconnu) ne montrent pas de lien fonctionnel entre les devinettes et ce culte, dont les héros, Binego, Mugasa, etc. sont mentionnés dans quelques devinettes seulement, sans grand relief, peut-être avec détachement ironique.

Cependant il n'y a pas abus de termes à parler de fonction "initiatique" des devinettes au Rwanda, si l'on admet que la parole, la littérature orale, ou encore le bien-dire, constituent une fonction essentielle dans la société traditionnelle du Rwanda, et que les devinettes constituent une propédeutique irremplaçable à cette activité noble, dynamisante pour la société, et qui est le support de toutes les responsabilités.

Quelques considérations d'une portée générale sur la langue et la littérature rwanda doivent encore être mises en place pour aborder avec précision ce point. En venant s'installer au Rwanda, les Tutsi ont adopté la langue et certaines institutions locales. Or ils avaient peut-être la possibilité de ne pas abandonner leur langue originelle. Bien préservée par la tradition, elle aurait pu flatter leur goût de l'ésotérisme. Ils pouvaient la transformer en langue sacrée ou, comme les Bahima de l'Ankole, conserver un vocabulaire concernant la vache qui soit inintelligible aux agriculteurs. Or il n'en est rien. Ils se sont au contraire employés à préserver avec minutie un dialecte bantou oriental assez archaïque, et à lui donner le rôle du sanscrit ou du latin dans d'autres sociétés : un beau langage, se disant plus profond que les autres, signe de distinction et par là de domination. Dans les armées bovines, un célèbre troupeau s'appelle Mvugo : la parole. La raison de cette apologie du langage est sans doute la visée centralisatrice des Tutsi. On ne pouvait prétendre unifier cette partie de la zone interlacustre que s'il était possible de s'y faire entendre d'un bout à l'autre. Et il n'était possible de s'y faire entendre que si des normes de langage étaient diffusées dans tout le pays.

Autant par sa forme - un beau kinyarwanda - que par son contenu idéologique - éloges dynastiques, éloges guerriers, noms de vaches, etc. - la littérature devait être un instrument d'unité nationale. Il n'est pas étonnant alors qu'on ait beaucoup de peine à trouver dans les devinettes des renseignements sur des groupes particulers : clans, anciens royaumes, familles illustres, etc. Il n'est pas étonnant que le contenu mythologique des devinettes soit assez faible et plutôt repérable dans des allusions que directement, alors que les notations "historiques" sont assez nombreuses. Les devinettes elles aussi jouent à leur façon, qui est propédeutique, ce rôle de diffusion tant linguistique qu'idéologique, d'une norme nationale du langage. Mais ce langage lui-même est bantou, et présente dans les devinettes des aspects de résistance à une normalisation imposée de l'extérieur.

Les devinettes jouent donc un rôle d'introduction à une parole bien maîtrisée. Le maniement des figures n'est pas un luxe réservé à quelques individus privilégiés. On l'a signalé : l'intelligence du sens de synonyme dans un mot exprimé doit être maîtrisée parfaitement sans quoi les rapports entre gendre et belle-mère ou belle-fille et beau-père risquent de se détériorer à grande vitesse ! La compréhension d'une parole malveillante tenue en discours oblique est indispensable à la sécurité individuelle. Et il y aurait aussi bien de la honte à entendre le beau langage d'un poète ou d'un conteur sans en être touché. C'est par les devinettes que les jeunes Rwandais sont initiés à ces sortes de compositions.

Les devinettes introduisent l'individu à une parole rusée, pleine d'intelligence, capable de tirer parti des sous-entendus et des double-sens. Mais elle fait aussi participer le sujet, même en bas âge, à la dynamique sociale de la parole, et surtout de la parole mise en ordre, fixée, qui est une garantie de la tradition et de l'ordre social tout entier. Nous pensons l'avoir indiqué en soulignant combien les devinettes opposent le chaos des bruits souterrains, des explosions, des irruptions, des vents nauséabonds, au bon ordre de la parole. Par la moquerie, la devinette sanctionne les comportements d'abandon à la nature, et manifeste toute la grandeur d'une parole mesurée, réservée, placée avec justesse. La devinette n'est pas un genre mineur, issu de débris d'un autre genre plus noble et plus solide. Elle est plutôt le terreau dans lequel les genres plus spécialisés peuvent faire mûrir leurs trouvailles et rénover leur sève. Il y a quelques exceptions à cette règle : des devinettes se permettent un style lourd, pesamment imitatif de ce qui est décrit, alors que cela est normalement déconsidéré. Il est possible que des devinettes emploient des tournures poétiques avec l'intention malicieuse de ridiculiser la poésie.

Les devinettes ne sont pas dépourvues de prétexte à éveiller une émotion esthétique. Il y a une dimension esthétique du rire, même du gros rire, qui est méconnue dans les littératures quintessenciées, mais bien à tort. BOCCACE, RABELAIS, SHAKESPEARE, V. HUGO, NIETZSCHE, avant les surréalistes l'avaient déjà prouvé.

Enfin, sous cet éclairage littéraire, signalons que le jeu paradoxal, l'écartèlement du langage et des procès usuels de signification en font un vrai objet d'art. A côté des fonctions qu'on pourrait qualifier de fermées ou d'utilitaires dans une société donnée, on est en droit de reconnaître des fonctions ouvertes ou gratuites. Assurément ce serait méconnaître la devinette que de ne pas lui accorder celles-ci.

PORTÉE HUMORISTIQUE DES DEVINETTES

La principale fonction "ouverte" de la devinette ne se limite pas à l'art. Langage à l'envers, expression renversée et expression du renversement de l'ordre établi, moquerie, la devinette exprime de nombreux conflits cachés de l'être humain. Grandeur et misère des hommes sont signalées, acceptées et dénoncées à la fois. Les conflits latents entre parents et enfants (ce petit homme tuerait ton père... ; le père qui tue et l'oncle qui sauve... on est dans une société patrilinéaire rigide), entre enfants de plusieurs co-épouses (ma mère dépasse ta mère). Petits portraits de la marâtre, de la co-épouse. Conflits entre époux, suggestions d'adultères, inconduite de la femme, jalousie, brutalité, la faim parmi les enfants. La nécessité d'accepter sereinement même les catastrophes et la mort. Tout cela est présenté dans une vaste dramatique de l'existence.

Un certain tragique de la condition des agriculteurs pauvres perce à travers des réflexions livrées en passant. La connotation de cette devinette :

Umutuutsi mureemure yamaze imigoondoro mu murimá
(R) **Uruhabuzo mu rutooki**
Un Tutsi très long a ravagé les jeunes pousses dans les champs.
(R) L'émondoir dans la bananeraie,

rappelle les désagréments causés par les éleveurs aux cultivateurs. L'insistance avec laquelle la houe, qu'on "trait à pleine main", le maïs et les bananes sont loués au même titre que la vache, suffisent à souligner l'effet compensateur des devinettes. On en déduit sans mal une frustration, un manque des agriculteurs.

Par rapport à l'expression de ces peurs ou de ces désirs agressifs, la devinette joue un rôle régulateur. Elle met en forme et rend sociable une grande charge affective. La où nous parlons d'humour, il serait peut-être plus juste de parler d'*amor fati* : le sentiment qui fait accepter sereinement tout ce qui se présente. Par là les devinettes se distinguent des complaintes (**ibihoozo**), des chantefables ou berceuses (**indíriimbo**) des filles, qui ont souvent une tonalité sentimentale.

La devinette est, avec certains contes d'animaux et certains proverbes, l'un des rares genres qui, tout en jouant son rôle de parole ordonnée et d'apologie de l'ordre établi, introduise une dimension contestataire ou subversive dans la communication sociale. A l'inverse des discours privés des intrigants - et qui ne l'aurait été dans le contexte social de la monarchie et de l'ubuhaké ? - qui ne critiquent qu'avec une méfiance extrême et en secret, la devinette adresse des critiques à qui veut les entendre. Pas aux rois, mais aux princes, et aux nobles. Dans le cas de devinettes récentes, aux colonisateurs et à ce qu'ils ont apporté : religion, argent, techniques "inhumaines", nouveaux rapports d'autorité. On ne peut pas non plus confondre avec une sanction par le ridicule, toujours destinée à renforcer la cohésion sociale, les moqueries et grossièretés adressées aux vieillards, qu'on doit par ailleurs respecter de son mieux.

Cependant la devinette bouffonne joue le même rôle que les bouffons de la cour : elle permet de colporter ragots et médisances. Le racisme à l'égard des Twa passe par les mêmes canaux que la critique des institutions.

De toute façon le rire, la fonction humoristique, est de loin la plus englobante de toutes les fonctions des devinettes. La recherche du plaisir, la libre expression des désirs et des conflits, la mise à distance des interdits et des soucis en est le ressort le plus profond. Critiquant les uns et les autres, raillant tour à tour la haute taille des Tutsi, la goinfrerie des Hutu et la brutalité des Twa, le rire est une langue qui passe partout, même dans une société à castes ethniques aussi fortement stratifiée que le Rwanda traditionnel. Il faut préciser cependant que l'interprétation de la même formule peut facilement être flatteuse en un sens et moqueuse en un autre. Puiser avec un panier, cela peut dénoncer la stupidité du puiseur, ou vanter l'habileté du vannier !

Mais le rire a une portée plus large encore. Il n'est pas inutile à ce sujet de rappeler l'une de nos hypothèses : le rire a une fonction magique. Le culte des morts est destiné à faire "rire" les morts, c'est-à-dire à les rendre à la fois favorables et paisibles, réservés dans leurs interventions "naturelles". Le rire parmi les vivants est à inscrire au compte des comportements culturels qui conduisent l'homme à se sentir heureux de lui-même et de la collectivité qui l'entoure. Le rire dans la veillée rwandaise, cette sorte d'entr'acte entre les domaines des interdits du jour et du sacré de la nuit, est un procès de réconciliation, un acte pour rendre favorables les circonstances de la vie. Avec la bière qui rend loquace et assuré, les devinettes en sont un prétexte privilégié.

Il faut même aller plus loin. Lorsqu'un enfant naît chétif, pour conjurer les risques de décès, on lui donne un surnom de mort, izína y'urupfú[80], censé écarter le Trépas par sa valeur repoussante. Ainsi Séemabyí, mot à mot : Père la Merde ! La momordique à l'odeur fétide (umwiǐshywa) placée sur la tête de la mariée écarte les menaces de stérilité et de mort pendant les accouchements. De même les nombreuses devinettes à thème scatologique ont pour fonction de rassurer devant la mort et d'écarter les maléfices venus de l'au-delà.

En somme les devinettes n'ont pas une fonction unique. Elles jouent un rôle ambigu. Elles permettent de louer et de critiquer, d'enseigner et de railler, d'édifier et de renverser. Mais leur valeur d'initiation à la vie sociale rwandaise et de pédagogie de l'intelligence rusée jusque dans les rapports avec la Fatalité est incontestable.

---

[80] PAGÈS, 1934.

CONCLUSIONS

Rassemblons les thèses ici soutenues :

A. Les messages

I. Enoncer des devinettes consiste à faire jouer la syntaxe rwanda comme si on voulait lui faire dire plus encore qu'elle n'est habituée à exprimer.

II. Les devinettes se présentent sous une forme surdéterminée proche de la poésie rwandaise : rythmes, sonorités, usage intenses des noms propres.

III. Le rapport entre question et réponse correspond à une figure du discours qui permet à la question de cacher partiellement la réponse.

IV. Le sens d'une devinette n'est pas épuisé par la compréhension littérale de celle-ci. C'est le contexte et la connotation des éléments qui permettent de cerner ce sens.

V. Le plaisir du jeu ne se limite pas à opérer sur des figures et à désigner des réalités. Les réalités désignées trouvent des échos dans la vie collective et la vie inconsciente des Rwandais ; elles sont symboliques.

B. Des messages dans les messages

VI. Les réalités désignées renvoient à des questions importantes dans la vie rwandaise, par exemple les interdits.

VII. Les devinettes s'apparentent à d'autres modes de "langage renversé" comme la divination ou le culte des **Imandwa**.

VIII. Des signes métalinguistiques communs aux messages magiques, aux interdits, aux règles de politesse, etc. sont exploités dans les devinettes. On les a appelés des motifs étonnants. Repérer ces signes aide à déchiffrer le double sens des devinettes.

IX. Exercice de parole ordonnée, la devinette s'oppose à des désordres naturels ou passionnels symbolisés par exemple par le motif des entrailles ouvertes ou celui des manifestations "volcaniques".

X. La symbolique de la vache, caratéristique du Rwanda ancien, est une manière de synthétiser un certain nombre de motifs culturels en une "idéologie" inspirée par la tendance centralisatrice de la caste dominante.

XI. Les devinettes du Rwanda véhiculent cette idéologie et permettent aussi de la critiquer.

Elles ouvrent à la maîtrise de la parole qui est emprise sur soi et sur la communauté.

Elles mettent à distance humoristiquement et magiquement la peur de la mort et des morts.

Elles permettent de formuler des antinomies et des conflits insolubles autrement.

Elles constituent donc une remarquable pédagogie.

"Loin d'épuiser une matière, il n'en faut prendre que la fleur" disait La Fontaine parlant de son métier de poète. Les devinettes ne procèdent pas autrement. Elles suggèrent, elles esquissent... et passent vite à autre chose. Mais c'est pour mieux nous plonger au coeur des réalités qui demeurent impénétrables autrement. Nées de l'imagination populaire, elles ne se limitent pas pour autant à n'être qu'un divertissement fantaisiste. Sous des apparences tantôt de futilité, tantôt de lourdeur moqueuse, elles transmettent indirectement et sans lasser certains des messages les plus importants de la culture rwandaise. Ce trésor précieux - l'esprit humain s'appliquant à maîtriser sa condition - n'est pas mis au grand air une fois pour toutes. Au contraire, il est condensé en messages brefs, fragmentaires, elliptiques et conçus de telle sorte qu'on peut les connaître sans forcément les comprendre. Mieux encore qu'un secret, ils sont une protection contre la facilité et les fausses certitudes.

Même si notre tentative d'explication se veut aussi totale que possible, et s'efforce de définir la devinette par des oppositions pertinentes avec le chaos, le désordre, la mort, bref tout ce que la culture ne peut accepter, nous sommes loin d'avoir épuisé la matière sur laquelle les devinettes se prononcent, la vie des hommes du Rwanda, leurs relations sociales, leurs croyances et leurs craintes. Essayant de dégager les structures, nous avons rencontré une limite, qui est celle du temps. A plusieurs indices nous avons dû reconnaître que la culture populaire rwandaise que nous avons rencontrée en 1970 est profondément marquée par les changements d'ordre historique, alors que jusqu'à présent les grands genres seulement avaient paru refléter ces évolutions.

Nous étions parti d'une hypothèse trop étroite. Définissant le genre littéraire de la devinette nous l'opposions à d'autres aspects de la tradition orale : poésie dynastique, éloges guerriers, etc. Une approche plus serrée nous a montré que la manière énigmatique de s'exprimer n'avait pas de terrain spécialisé, et qu'il n'était pas de domaine qui de droit échappe à ses interrogations.

La devinette, par sa force de subversion exercée à l'encontre des autorités, des interdits, et par la remise en question du langage, s'introduit partout, juge de tout, en doutant de tout. Mais pas en vain. S'écartant des idées reçues elle est un bel exemple de ce que R. BARTHES appelle une "transgression créative". La voilà l'intelligence rusée.

A la question Urwaǎnda urakíze, Rwanda tu as la plénitude, on peut répondre à volonté : des houes (amasúka) ou des vaches haut-encornées (inyaambo). D'aucune devinette on n'a pu dire qu'elle était tirée du patrimoine des éleveurs ou des cultivateurs. La culture rwandaise et en particulier les devinettes représentent une synthèse de conflits assumés. Le jeu constitue une sorte de tronc commun et de commencement d'une sagesse qui est le patrimoine de tous les Rwandais.

PLANCHES PHOTOGRAPHIQUES

Photographies : A. BOUCHARLAT, printemps-été 1970.

1. **Urugo** : chaque famille a son enclos circulaire (p. 29) ... ici, sur les pentes du Karisimbi.

2. Huttes et panier-grenier, **ikigega** (p. 50). Sur le toit, on distingue nettement **agasongero** (p. 48).

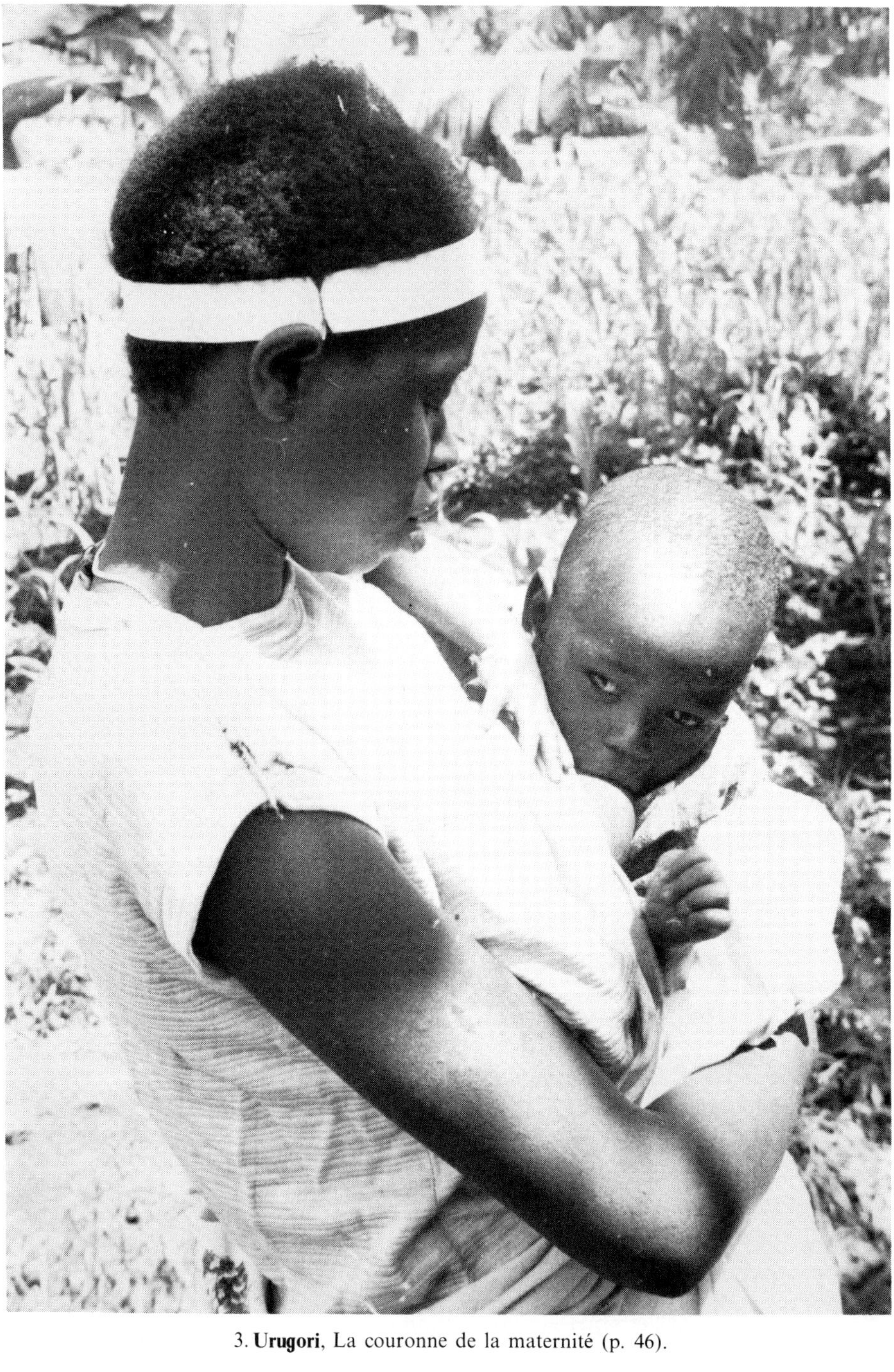

3. **Urugori**, La couronne de la maternité (p. 46).

4. Travail à la houe, **isuka** : repiquage des patates douces. En s'usant, la houe deviendra **ifuni** (p. 51).

5. Les objets usuels sont autant de signes sexués (p. 46) : **inkono**, la marmite ; **amashyiga**, les cônes du foyer (p. 95) ; **urusyo**, la meule à grains, au premier plan (p. 51, 105).

6. « Une baratte chez les **Twa!** » (p. 101). Les **Twa** vivent presque exclusivement de la confection des marmites d'argile.

7. **Ingata**, le coussinet de portage, est nettement visible ici (p. 79).

8. **Icyansi**, pot pour le lait, taillé dans un tronc d'arbre, comme un tambour (p. 99, 121).

9-10. Moudre

… et récupérer
la farine.

11. Les chalumeaux dans la cruche (p. 36). Les enfants ce soir-là avaient eu la permission, rarement accordée, de goûter à la bière de bananes.

12. **Umuvuba** : le soufflet du forgeron … « avoir le nez long comme un soufflet ! » (p. 66).

13. « Un roi sans jambes! » **Agaseke** — Une jeune fille achève la confection du petit panier.

BIBLIOGRAPHIE

Les ouvrages d'intérêt genéral sur le jeu, l'interprétation des symboles ou la littérature orale en Afrique sont facilement accessibles. Inutile d'en dresser une liste ici.

Pour les problèmes de linguistique et de sémantique générales, on nous permettra de renvoyer globalement à :

DUCROT, O. et TODOROV, T., 1972, *Dictionnaire encyclopédique des sciences du langage*, Paris, Seuil, 470 p.
qui donne d'excellentes orientations bibliographiques et met à la portée du non spécialiste les principaux concepts de la linguistique et de la sémantique dans une perspective qui tient compte de la rhétorique et des problèmes du symbole.

Sur le Rwanda, une bibliographie très complète existe jusqu'en 1965 :

WALRAET, M., 1966, *Les sciences au Rwanda*, ARSOM, XXXIV, 5, Bruxelles, 1934 références.

Rappelons enfin les deux catalogues utilisés tout au cours de cette étude, qui regroupent plus de 2000 devinettes :

BIGIRUMWAMI, A., 1967, *Proverbes, dictons, devinettes*, Nyundo (Rwanda), 116 + 17 + 57 p.

DION, G.M., 1971, *Devinettes du Rwanda. Ibisakuzo*, Editions universitaires du Rwanda, coll. Muntu, 2, Butare, (Rwanda), 271 p.

A. LES DEVINETTES

Standard Dictionary of Folklore, Mythology and Legend, New-York, 1950, art : *Riddles*, art : *Tongue-twisters*, par POTTER, C. F.

BASCOM, W.R., 1949, Literary style in Yoruba riddles, Austin, Texas University, *Journal of American Folklore*, LXII. 4.2.

BLACKING, J., 1961, The social value of Venda riddles, Johannesburg, *African Studies*, XXI, pp. 1-32.

COLE BEUCHAT, P., 1957, Riddles in Bantu, Johannesburg, *African Studies*, XVI, 3, pp. 133-149 (importante bibliographie p.149).

DION, G.M., 1967, *Un recueil de devinettes Rwanda*, Butare (Rwanda), polycopié.

GEORGES, R., - DUNDES, A., 1963, Towards a structural definition of riddle, Austin, Texas University, *Journal of American Folklore*, LXXVI, pp. 111-118.

GOWLETT, D.F., 1966, Some Lozi riddles and tongue-twisters annotated and analysed, Johannesburg, *African Studies*, XXV, 3, pp.139-158.

GOWLETT, D.F., 1971, A selection of Lozi folktales and riddles (II), Johannesburg, *African Studies*, XXX, 2, pp. 111-115.

HAMA, B., 1968, *Essai d'analyse de l'education africaine*, Paris, Présence Africaine.

HAMNETT, I., 1967, Ambiguity classification and change function of riddles, London, *Man*, Sept., pp. 379-392.

HARRIES, L., 1942, Some riddles of the Makua people, Johannesburg, *African Studies*. I, 4.

HARRIES, L., 1947, Some riddles of the Mwera people, Johannesburg, *African Studies*, VI, 1. pp. 21-34.

HUNT, N.A., 1957, Some Karanga riddles, Salisbury (Rhodesia), *N.A.D.A.*, 34, pp. 67-74.

JETTE, J., 1913, Riddles of the Ten'a Indians, Wien, *Anthropos*, VIII, pp. 181-201 et 630-651.

JOLES, A., 1930, *Einfache Formen*, Tübingen, Max Nimeyer ; traduction française : 1972, *Formes simples*, Paris, Seuil, 215 p.

LACROIX, P.F. et LEBEUF, J.P., 1972, *Devinettes peules suivies de quelques proverbes et exemples d'argot* (Nord Cameroun), Paris, Cahiers de l'homme, 72 p.

LIFCHITZ, D., et PAULME, D., 1938, Devinettes et proverbes Dogon, Paris, Laroze, *Revue de folklore français et de folklore colonial*, 4, 57 p.

MARANDA, E.K., 1969, Structure des énigmes, Paris, *L'Homme* IX, 3, pp. 5-48.

RAA, E.T., 1966, Procedure and symbolism in Sandawe riddles, London, *Man*, Sept., pp. 391-397.

SCOTT, C.T., 1965, Persian and Arabian riddles : a language-centered approach to genre definition, La Haye, Mouton, *International Journal of American Linguistics*, 31. II.

SOBUKWE, R.M., 1958, *Bantu Riddles and Story Conundrums with Special Reference to Xhosa*, Johannesburg, (University of the Witwatersrand).

SOBUKWE, R.M., 1971, Xhosa riddles, Johannesburg, *African Studies*, XXX, 2, pp. 117-150.

THOMAS, J., 1970, *Contes, proverbes, devinettes ou énigmes, chants et prières ngbaka-ma'bo*, Paris, Klincksieck, pp. 776-803.

WILLIAMS, T.R., 1963, The form and function of Tambunan Dusun riddles, Austin, Texas University, *Journal of American Folklore* , 76, pp. 95-110.

B. RWANDA

ARNOUX, A., 1912-1913, Le culte de la société secrète des Imandwa au Ruanda, Freiburg, *Anthropos*, VII, pp. 273-295 ; 529-558 ; 840-875 ; VIII, pp. 110-134 ; 754-774.

ARNOUX, A., 1917-1918, La divination au Ruanda, Freiburg, *Anthropos*, XII-XIII, pp. 1-57.

ARNOUX, A., 1931, Quelques notes sur les enfants au Rwanda et à l'Urundi, Wien, *Anthropos*, XXVI, pp. 341-351.

BIGIRUMWAMI, A., 1964, *Imihango y'imigenzo n'iy imiziririzo* (pro manuscripto).

BOURGEOIS, R., 1957, *Banyarwanda et Barundi* (T.1 : Ethnographie ; T.3 : Religion et magie), Bruxelles, Académie royale des sciences coloniales, Classe des sciences morales et politiques, mémoires in 3, nouvelle série T.15.

COUPEZ, A., et KAMANZI, T., 1956, Quelques noms géographiques du Rwanda, Bruxelles, *Zaïre*, XIII, 2.

COUPEZ, A. et KAMANZI, T., 1962, *Récits historiques rwanda*, Tervuren, (Annales du Musée Royal de l'Afrique Centrale, série in 8°, n° 43), 328 p.

COUPEZ, A., et KAMANZI, T., 1970, *Littérature de Cour au Rwanda*, Oxford ,Clarendon Press, xii + 238 p.

COUPEZ, A., et BENDA , V., 1963, Terminologie du jeu d'igisoro au Rwanda, Tervuren, *Africa*, IX, 2.

DELMAS, L., 1930, La vache au Rwanda, Wien, *Anthropos*, XXV, 5-6, pp. 945-952.

DOKE, C. M., 1954, *The Southern Bantu Languages*, Oxford, Oxford University Press for International African Institute, 262 p.

DUFAYS, F., et DE MOOR, V., 1938, *Au Kinyaga - Les enchaînés*, Bruxelles, L'Edition universelle, 190 p.

D'HERTEFELT, M., TROWBORST, A., SCHERER, J.H., 1962, *Les anciens royaumes de la zone interlacustre méridionale : Rwanda, Burundi, Buha*, Tervuren (Annales du Musée Royal de l'Afrique Centrale, n° 6), 248 p.

D'HERTEFELT, M., et COUPEZ , A., 1954, *La Royauté sacrée de l'ancien Rwanda*, Tervuren, (Annales du Musée Royal de l'Afrique Centrale, n° 52), 520 p.

DE HEUSCH, L., 1958, *Essai sur le symbolisme de l'inceste royal en Afrique*, Bruxelles, Université Libre, 224 p.

DE HEUSCH, L., 1966, *Le Rwanda et la civilisation interlacustre*, Bruxelles, Université Libre, 471 p.

GRAVEL, P.B., 1968, *Remera, a Community in Eastern Rwanda*, The Hague, Paris, Mouton, 228 p.

GUTHRIE, M., 1967, *An Introduction to the Comparative Linguistics and Prehistory of the Bantu Languages*, vol. 1, London, 143 p.

HUREL, E., 1922, *La poésie chez les primitifs : contes, fables, récits et proverbes du Rwanda*, Bruxelles.

HUREL, E., s. d., *Lexique kinyarwanda - français et français - kinyarwanda*, Kabgayi (Rwanda).

KAGAME, A., 1953, *Imigani y'imigenurano*, Kabgayi (Rwanda).

KAGAME, A., 1955, La structure des quinze clans du Rwanda, in *Annali Lateranensi*, Rome.

KAGAME, A., 1956, *La philosophie bantu-rwandaise de l'Etre*, Bruxelles, ARSOM, t. 12, fasc. 1, 448 p.

KAGAME, A., 1961, *Histoire des armées bovines*, Bruxelles, ARSOM, t. 25, fasc. 4, 147 p.

KAGAME, A., 1969, *Introduction aux grands genres lyriques de l'ancien Rwanda*, Butare, Université Nationale du Rwanda, (coll. Muntu, 1), 331 p.

LEMARCHAND, R., 1966, Power and stratification in Rwanda, a reconsideration, Paris, *Cahiers d'Etudes Africaines*, VI, 24.

LEMARCHAND, R., 1970, *Rwanda and Burundi*, London, Pall Mall, 562 p.

LOUPIAS, P., 1908, Tradition et légende des Batutsi sur la création du monde et leur établissement au Ruanda, Wien, *Anthropos*, III, 1, pp. 1-13.

MAKARAKIZA, A., 1959, *La dialectique des Barundi*, Bruxelles, ARSOM.

MAQUET, J.J., 1954 a, *Le système des relations sociales dans le Rwanda ancien*, Tervuren (Annales du Musée Royal du Congo Belge), vol. 1, 221 p.

MAQUET, J.J., 1954 b, *The Kingdom of Rwanda*, in coll. African Worlds, Oxford, Oxford University Press, pp. 164-189.

MAQUET, J.J., 1957, *Ruanda, Essai photographique sur une société africaine en transition*, Bruxelles.

MAQUET, J.J., 1967, La tenure des terres dans l'Etat rwanda traditionnel, Paris, *Cahiers d'Etudes Africaines*, VII, 28, pp. 624-636.

MAQUET, J.J., 1969, Institutionalisation féodale des relations de dépendance dans quatre cultures interlacustres, Paris, *Cahiers d'Etudes Africaines*, IX, 35, pp. 402-414.

MERRIAM, M.A.P., 1953, The game of Kubuguza among the Abatutsi of North-East Rwanda, London, *Man*, art. n° 262.

MEEUSSEN, A.E., 1959, *Essai de grammaire rundi*, Tervuren, Musée Royal du Congo Belge, 236 p.

MORRIS, H.F., 1964, *The Heroic Recitation of the Bahima of Ankole*, Oxford, Clarendon Press, xvii + 143 p.

MUZUNGU, B., s. d., *Les rites traditionnels au Rwanda* (pro manuscripto).

NKONGORI, L. et KAMANZI, T., 1957, *Proverbes du Rwanda*, Tervuren, 75 p.

PAGÈS, A., 1919-1920, Au Rwanda sur les bords du lac Kivou, Wien, *Anthropos*, XIV-XV, pp. 944-967 (et complément 1925, XX).

PAGÈS, A., 1933, *Un royaume hamite au centre de l'Afrique*, Bruxelles, Institut Royal Colonial Belge,

PAGÈS, A., 1934, Cérémonies qui entourent la naissance d'un enfant, Bruxelles, *Congo*, II, pp. 205-226.

PAUWELS, M., 1948, Au Ruanda : quand et comment ils mangent ? Namur, *Grands Lacs*, 2, pp. 173-179.

PAUWELS, M., 1949, La magie au Ruanda, Namur, *Grands Lacs*, 1. pp. 17-48.

PAUWELS, M., 1951, Le culte de Nyabingi, Freiburg, *Anthropos*, XLVI, 3-4, pp. 337-357.

PAUWELS, M., 1952, Les couleurs et les dessins au Ruanda, Freiburg, *Anthropos*, XLVII, 3-4, pp. 473-482.

PAUWELS, M., 1953 a, L'habitation au Ruanda, Antwerpen, *Kongo Overzee*, XIX, 1, pp. 20-62.

PAUWELS, M., 1953 b, La magie au Ruanda, Rome, *Annali Lateranensi*, XVII, pp. 83-155.

PAUWELS, M., 1953 c, Usages funèbres au Ruanda, Wien, *Anthropos*, XLVIII, 1-2, pp. 82-150.

PAUWELS, M., 1954 a, Description détaillée d'un mariage chez les montagnards de Byumba, Antwerpen, *Kongo Overzee*, XX pp. 31-64.

PAUWELS, M. 1954 b, La divination au Ruanda, Antwerpen, *Kongo Overzee*, XX, pp. 293-368.

PAUWELS, M., 1955, Les métiers et les objets en usage au Rwanda, Rome, *Annali Lateranensi*, XIX, pp. 185-294.

PAUWELS, M., 1959, Le pacte du sang au Rwanda, Rome, *Annali Lateranensi*, XXII, pp. 9-40.

PAUWELS, M., 1960, Jeux et divertissements au Rwanda, Rome, *Annali Lateranensi*, XXIII, pp. 219-363.

PAUWELS, M., 1965, Le système de parenté au Rwanda, Rome, *Annali Lateranensi*, XXIX, pp. 243-327.

RODEGEM, F.M., 1961, *Sagesse kirundi*, Tervuren, Annales du Musée Royal du Congo Belge, vol. 34, 416 p.

RODEGEM, F.M., 1962, Le rire et l'humour au Burundi, Ngozi (Burundi), *Patrimoine culturel rundi*, 11, pp. 52-104.

RODEGEM, F.M., 1970, *Dictionnaire rundi-français*, Tervuren, Musée Royal de l'Afrique Centrale, XXVI + 646 p.

RODEGEM, F.M., 1972, *Anthologie rundi*, Paris, Ecole Pratique des Hautes Etudes, 484 p.

SCHUMACHER, P., 1910, Die Ehe in Ruanda, Wien, *Anthropos*, V, pp. 870-906.

SCHUMACHER, P., 1916, Die Tracht in Ruanda, Wien, *Anthropos*, X-XI, pp. 789-798.

SMITH, P., 1970 a, La forge de l'intelligence, Paris, *L'Homme*, X, 2, pp. 5-21.

SMITH, P., 1970 b, La lance d'une jeune fille, Mythe et poésie au Rwanda, Paris, Mouton, *Echanges et Communications*, mélanges offerts à C. LEVI-STRAUSS, t. 2, pp. 1381-1408.

VANSINA, J., 1961, *De la tradition orale*, Tervuren, Annales du Musée Royal de l'Afrique Centrale, 36, X + 179 p.

VANSINA, J., 1962, *L'Evolution du royaume rwanda, des origines à 1900*, Bruxelles, ARSOM, t. 26, 101 p.

ZUURE, B., 1926, Imana, Le Dieu des Barundi, Wien, *Anthopos*, XXXI, pp. 733-776.

ZUURE, B., 1932, *L'âme du Murundi*, Paris, Beauchesne, 506 p.

L'IMAGE DU CORPS HUMAIN DANS LA MAISON DU BURUNDI

par Anne STANFORD

Les références sont faites aux noms des auteurs, sauf dans le cas des oeuvres de RODEGEM ou de *Que Vous en Semble ?* où les abréviations suivantes ont été utilisées :

AR : *Anthologie rundi*

Dict. : *Dictionnaire*

PC : *Patrimoine culturel*

Précis : *Précis de grammaire rundi*

SK : *Sagesse Kirundi*

QVS : *Que vous en Semble ?*

*

Je voudrais ici exprimer ma vive reconnaissance à MM. P. BUCUMI et I. NZINAHORA, mes informateurs principaux, dont je tiens à souligner l'inlassable dévouement, ainsi qu'à MM. A. BARAMPAMA et H. NTAHOMVUKIYE pour les renseignements qu'ils ont bien voulu me communiquer sur les "Faiseurs de pluie" et sur les "Interdits"

L'IMAGE DU CORPS HUMAIN DANS LA MAISON DU BURUNDI

Tout au long des sentiers qui serpentent sur les collines vertes du Burundi, sont construites des huttes, de forme hémisphérique, recouvertes d'herbe et de paille, avec une seule entrée. Placées en général les unes en face des autres, elles sont aussi flanquées de deux enclos, un grand à l'avant, urugó, et un petit à l'arrière, ikigó (voir fig. 1).

Quand il s'agit d'une installation nouvelle, un terrain est choisi en fonction de considérations pratiques, pas trop près du sommet pour éviter le vent et la foudre, et pas trop près de la vallée pour éviter l'érosion. L'entrée de la maison donne sur le sentier pour les mêmes raisons[1].

La famille rundi, cependant, ne se contentera pas de ce genre de motif pour choisir son nouvel emplacement ; elle cherchera également, par certains signes, à s'assurer que ce terrain est le plus propice. La veille, elle plantera une branche de ficus ancestral, umumâṅdá[2], comme si la bénédiction de l'ancêtre familial était de la première importance. Le lendemain, de bonne heure, elle allumera un feu pour faire venir la bergeronnette, inyámǎnza[3], un oiseau de Imâna[4]. Si elle ne descend pas se poser sur le terrain, c'est un signe qu'il faudra aller chercher ailleurs pour bâtir l'habitation[5].

Ensuite, elle prendra la petite pierre à moudre, ingásīro, et elle la jettera par terre[6]. C'est la partie mobile de la meule qui moud, gusya, "comme

---

1 I. NZINAHORA, 1975, Burundi.

2 -mâṅdá "ficus", *Dict.* p.258. *Sycomore*. Traduction : "ficus ancestral", *QVS* 19, p.272.

3 -nyámǎnza "bergeronnette hoche-queue", *Dict.* p.632 *Motacille aguimp.*

4 N. TROUWBURST, p.155.
-mâna "... chance" // Néol. "Dieu". *Dict.* p.257.
Il est formellement interdit de tuer la bergeronnette. *QVS* 19, p.274.

5 -gásīro *Dict.* p. 104. Tous ces renseignements (sans interprétation) sur le choix d'emplacement, viennent de *Dict.* p. 104.

6 -gásīro *Dict.* p.104.

un bout de dent", insyá[7], la farine étalée sur la grande pierre, urusyo[8]. Ingásīro, c'est l'aspect masculin[9].

Pendant le déroulement de ces rites, on boit de la bière en fermentation, gushá, "être prête à boire", qui désigne aussi : "être cuit"... "être mûr" (fruit)[10]. C'est une bière où tous les éléments en présence sont en cours de transformation en une seule substance[11], souvent par la chaleur du foyer comme le fruit par le soleil devient "mûr". C'est une période de gestation pour ainsi dire.

Quand ces rites donnent des signes favorables, on peut se livrer à l'occupation essentielle, celle de la construction de la case. Cela ne durera pas longtemps[12], l'espace d'une seule journée, car elle doit être terminée avant la tombée de la nuit .

Que l'on plante, la veille (-rongōra)[13], la branche de ficus, ne semble pas un fait de simple hasard. La veille précède le jour présent, comme l'ancêtre la famille vivante. Sa vie à lui est écoulée, celle de la journée précédente aussi.

Par contre, c'est au matin que le feu est allumé - "aube" (urkêrēré) et "faire le feu" (gucânira) sont du même radical -(ké-cá)- "faire le jour",

---

[7] insyá "le bout des dents", *Dict*. p.459 est rapproché de
gusya "moudre" *Ibid*.

[8] -syo "partie fixe de la pierre à moudre".
Les mots rapprochés du urusyo : igisyo "pleine lune"
ikinyamasyo "mastodonte, colossal"
ikinyamasyo c'umugòre "une femme opulente"
umugòre w'ikinyamasyo "une femme énorme"
Dict. p.460.

[9] Rwanda : "la femme qui utilise le dessous d'une meule pour moudre le grain se condamne à ne mettre au monde que des filles." Gasarabwe, p. 60.

[10] -shá *Dict*. p.412.

[11] C'est une bière fabriquée avec les bananes, et juste à la fin de tout le processus on ajoute de la levure (Bucumi, Paris, 1975) urubérero, pour provoquer la fermentation, kubérera, "mettre la levure"... (*Dict*. p.32) du radical (non-attesté) [-bér--] "écarter pour sortir" ; du même radical ikibero, "face externe de la cuisse". (*Dict*. p.32) On "écarte" le jus pour laisser tomber la levure dedans.

[12] I. Nzinahora, 1975, Burundi.

[13] -rongōra "précéder", *Dict*. p.368.

"luire"[14]. La flamme et le soleil montent ensemble - l'un annonce la création d'une nouvelle journée, l'autre celle d'une nouvelle demeure, qui durera, elle aussi, le temps d'une seule journée. Chaque nouveau soleil, n'est-il pas la naissance d'une nouvelle vie ? [15]

Les travaux de construction seront une affaire d'hommes, la femme s'acquitant uniquement des petites tâches qui consistent à procurer de la nourriture et de la boisson pour les travailleurs, abakózi. Ces hommes traceront d'abord un cercle sur le sol ; ensuite ils ficheront sur ces traces les piquets, commençant par ceux de l'entrée, en continuant vers l'arrière (voir fig. 6).

Le toit sera fabriqué à part (voir fig. 5), on le porte pour le poser sur les piquets. Afin que le toit soit bien ajusté, on plie les piquets en partant du sol vers l'intérieur, on appuie fortement sur le toit et on le maintient dans cette position jusqu'à ce qu'il soit ligoté au reste (voir fig. 7). Puis on le laisse remonter à sa hauteur normale[16]. Le tout est recouvert ensuite d'herbe en commençant d'en bas vers l'arrière ; après quoi, on place le chaume[17].

L'intérieur de la maison est divisé par les cloisons faites d'autres piquets très minces auxquels on rattache des cloisons de roseaux et de bambou. Deux de ces cloisons saillent des deux côtés de la hutte, servant de barrière entre le vestibule, umuryângo et la partie la plus retirée de la maison, haruguru.

La création de la hutte semble naître de l'union des deux parties. Elles sont préparées d'abord séparément - les piquets fichés d'un côté, le toit fabriqué de l'autre et vers la fin, lorsqu'elles sont entièrement prêtes, elles se rencontrent et s'unissent et deviennent un seul corps, urukǎnkara rw'inzu, "la carcasse de la case" (voir fig. 7).

---

[14] -ké (-cá), *Dict.* p.217.

[15] Il est possible que le jour, dans ce cas, se réfère à une durée de temps plus longue. Cf. Hutte royale (Rwanda) : "...neuf jours pour construire .... évident que la durée d'un jour est le symbole d'un mois et que la durée de construction est le symbole de la durée de gestation...", GARASÁBWE, p. 134.

[16] J. VAN DER BURGT, p. 644.

[17] I. NZINAHORA, 1974, Burundi.

Lorsque les hommes fabriquent le toit, ils le tressent, **kujîsha**, comme on tresse une corbeille[18] (voir photo 3). La voûte est souvent comparée d'ailleurs à une corbeille :

> Narîriye ku-nkōko nyînshi
> hari iyanánaiye
>
> - Agasôngero
>
> J'ai mangé dans de nombreuses corbeilles
> Une seule m'a résisté
>
> La voûte de la case[19].

Cette image sert aussi pour décrire le ciel et la terre.

> Narárumije agasimbo kēzá kurí Ntáre
> n'ŭbu ntíkarûgururwa
>
> --Ijuru n'îsí
>
> J'ai adapté un couvercle sur une jolie corbeille déjà du temps de Ntare mais jusqu'à présent nul ne l'a ouvert.
>
> -- Le firmament et la terre[20].

La rencontre de ces deux parties de la hutte, le toit et les piquets, symbolise-t-elle la rencontre du ciel et de la terre, comme l'image du couvercle sur la corbeille le suggère ? Mircea Eliade prétend que :

> N'importe quel établissement humain nouveau est, en un certain sens, une reconstruction du monde[21].

A partir de ces données concernant le choix de l'emplacement et la construction, nous pouvons passer au problème de l'image du corps humain dans la maison rundi.

Lorsqu'on regarde cette hutte en forme de ruche entièrement recouverte de paille, il est difficile de discerner autre chose qu'une grande ouverture, l'entrée. Pourtant certaines parties de la hutte, peu visibles pour l'obser-

---

[18] P. Bucumi, 1974, Paris.

[19] *AR* p.387.

[20] *AR* p.381.

[21] M. Eliade, p. 315

vateur, sont distinguées par des noms empruntés au corps humain. Par exemple les deux saillies qui se projettent à côté de l'entrée s'appellent **-ibibero** (pluriel du terme désignant "la face externe de la cuisse"[22]. Après les cuisses, aux deux extrémités de la hutte, sont **imisáya** "tempe" // "mâchoire"[23]. Tout en haut, sur le toit, est fiché un faîte, **isunzu**, "houppe, mèche de cheveux"[24]. Et toute la partie arrière est **umugôngo** "le dos"[25] (voir dessin 8). Et à l'intérieur, tout le toit de la case s'appelle **igisenge**, d'où l'expression : **Ibisenge vy'imbavu** "le diaphragme" (**imbavu** - "côté")[26].

D'autres mots font encore référence à des notions corporelles. Le vocable **urukǎnkara** signifie "squelette". Le même mot est employé dans les expressions suivantes :

> **urukǎnkara rw'inda** (**inda** - "ventre") "une personne amaigrie"
> **urukǎnkara rw'inzu** (**inzu** - "maison") "la carcasse d'une maison"[27]

Il existe également le vocable :

> **urukǎnka** "hutte non encore couverte",

et les expressions suivantes :

> **Urukǎnka rw'umuntu** (**umuntu** - "personne") "la charpente d'un individu, son squelette"
> **Urukǎnka rw'inzu** "la carcasse d'une hutte"[28]

---

22 **-bero**, *Dict.* p. 32 **ikibero, ibi** Selon nos informateurs "la face externe de la cuisse" doit être comprise dans le sens de "la partie visible des cuisses" comme dans les expressions : **ku kikero** "dans le giron", **ku bibero** "sur les genoux, dans le giron", *Dict.* p. 32.

23 **-sáya** "tempe" ... // "mâchoire",
imisáya - pluriel "côté de la hutte près de l'entrée". *Dict.* p. 401.
I. Nzinahora traduit **imisáya** par : "les parties latérales d'où part l'**urugó** (la cour)", 1975, Burundi.

24 **-sunzu** "toupe, houppe, huppe ; mèche de cheveux", *Dict.* p.157. I. Nzinahora nous explique : "toutes les maisons n'ont pas de huppe ... [dans ce cas], **isunzu** c'est le sommet de la maison vu de l'extérieur" (Lettre du 16 septembre 1975).

25 **-gôngo** "le dos", *Dict.* p. 121. Cette information, et le dessin qui l'accompagne, nous ont été donnés par I. Nzinahora, Burundi

26 **-senge** "face interne du toit, voûte ; toiture ; charpente".
igisenge vy'imbavu *Dict.* p. 407, **imbavu** "côté, flanc" *Dict.* p. 28.

27 **-kǎnkara** *Dict.* p. 213.
inda "ventre, abdomen" ... // "grossesse", *Dict.* p. 63.

28 **-kǎnka** *Dict.* p. 213

et le mot **igikǎnkara** "carcasse, murs d'une maison qui a brûlé, pan de mur"
igikǎnkara c'umuntu "un squelette"
igikǎnkara c'inzu "une maison en ruine // amas d'os éparpillés"[29]

La liste ci-dessous nous semble bien instaurer une relation entre l'homme et la maison, ou plus précisément, entre le squelette d'un homme et la carcasse d'une maison (d'une maison non encore couverte ou d'une maison brûlée), ainsi qu'entre un "amas d'os éparpillés" et une maison en ruine. Le squelette, c'est l'homme avant qu'il ne soit revêtu de la chair, tout comme la carcasse est la hutte qui n'est pas encore revêtue ni d'herbe ni de chaume. Les amas d'os évoquent l'image d'un être humain totalement décomposé, semblable à une maison en ruine. L'homme est mort, la maison aussi.

En prenant un autre aspect de la langue, nous découvrons deux vocables appartenant à la famille de mots dérivés du radical **-sok-** "piquer dans".

igisoko "où l'on introduit le chaume pour boucher les interstices"
umusokōro "moelle"[30]

Bien que ces deux mots ne soient pas directement en rapport, ils proviennent du même radical et connotent de deux actions comparables - celle de "remplir les interstices" et celle de "remplir les os", pour ainsi dire. Il ne s'agit pas ici, bien entendu, d'un usage direct du langage se référant au corps humain, mais seulement d'une similitude à l'intérieur d'une même famille de mots, rappelant l'image des os du squelette.

La hutte a-t-elle donc quelque chose de semblable à un corps humain ? En kirundi "maison, case, habitation, etc." est désigné par **inzu**, qui signifie aussi : "Groupe restreint de consanguins patrilinéaux se référant par les mâles à un ancêtre commun"[31]

29-**kǎnkara** *Ibib.*
umuntu "être, individu, personne" *Dict.* p. 286.

30-**sok-** *Dict.* p. 446

31-**zu, ama,** 9/10, 6 *Dict.* p.585. "**inzu**,9/10 peut avoir un pluriel péjoratif en cl.6... Outre les liquides et les masses, la cl.6 permet de désigner des choses méprisées". Cf. *Précis*, p.125. Lettre, Rodegem du 4 septembre 1975. Note : Sur le kirundi : "Le rundi est une langue classificatoire, c'est-à dire, une langue où les fonctions grammaticales sont exprimées par des affixes... Dans le dictionnaire, les substantifs sont affectés de chiffres indiquant la classe à laquelle ils appartiennent." *Dict.* XV.

Le terme **inzu** est de la neuvième classe au singulier, de la dixième au pluriel (**inzu**) et parfois de la sixième au pluriel (**amazu**)[32].

Nous avons relevé d'autres mots de cette classe dans deux textes différents[33], dont nous présentons ici une liste :

"vache"	**inká**	"orphelin"	**impfûvyi**
"taureau"	**imfizi**	"placenta"	**ingovyi** / **ingeramyi** / **ingobwe**
"chien"	**imbwá**	"foetus"	**imbânyi**
"chèvre"	**impene**	"Dieu (*néol.*)"	**imâna**
"fille nubile"	**inkúmi**	"palais"	**ingóro**
"sourd"	**intûmvá**		

A propos de notre méthode : nous employons des termes comme "non-attesté" et "rapproché" qui nous ont été proposés par RODEGEM :
"Lorsqu'un *radical* figure entre *crochets*, cela signifie que ce radical *n'est pas attesté* mais artificiellement déduit de l'ensemble des dérivés... la présence d'une *forme placée entre parenthèses* indique le cheminement qui ramène à la forme grammaticalement et sémantiquement la plus proche... il y a donc bien utilité à *rapprocher* ces termes pour découvrir le cheminement de la pensée." Lettre du 9 juillet 1974. (C'est nous qui soulignons)
Nous sommes profondément reconnaissante au P. RODEGEM qui, dès que nous avons présenté nos idées n'a cessé de nous soutenir durant toute la rédaction de notre mémoire, comme dans la lettre suivante : "Les exemples que vous donnez sont exacts et ils introduisent dans un phénomène intéressant pour votre propos, la connotation... Un grand nombre de vocables sont sociologiquement ou psychologiquement marqués et ils suscitent des sentiments par leur seule présence." Lettre sans date, [1974].
Dans un travail antérieur intitulé *Le symbolisme de la maison au Burundi*, un mémoire déposé en 1974 à l'Institut Catholique (Institut des Sciences et des Théologies des religions), nous avons utilisé des données linguistiques telles que : **umugóre**, **ama**, demi-"femme" pour aboutir à certaines conclusions : **umugóre** appartient à "la famille de mots" (*Dict.* XXII) du radical non attesté [**-gor--**] "être galbé, courbé" (*Dict.* p.123). Partant de l'hypothèse que tout ce qui est courbé et galbé est féminin, nous nous sommes proposée d'examiner sous cet angle la maison et tout ce qu'elle contient. Le mot le plus rapproché est **kugoreka** "être fécond" (*Dict.* p.123). La découverte aussi que **kugoreka** a comme synonyme **kwâma** "porter du fruit"... "être fécond" (*Dict.* p.5) sous **-âm-**, le radical pour le vocabulaire qui désigne le roi **umwâmi** , la royauté (**ubwâmi**), etc., tout cela nous a permis de faire une hypothèse au sujet du roi, notamment qu'il présente, sous certains aspects, un caractère androgyne.

---

[32] Cf. note 31

[33] *Précis*, p. 126 ; BAGEIN, pp. 12-13.

Nos connaissances linguistiques ne sont pas assez approfondies pour nous permettre d'élaborer une analyse sémantique du contenu de cette classe, sans parler du fait que tous les mots de cette classe ne sont pas encore relevés. Néanmoins, parmi ceux indiqués, une ligne générale semble se dégager : celle des êtres vivants : être animal, être inachevé (fille nubile), ceux qui présentent un manque (orphelin, sourd), être semi-vivant (placenta, foetus), Dieu (principe de vie, nous semble-t-il), l'exception apparente restant la hutte et le palais.

Pour compléter la présentation linguistique, il faut noter que inzu provient du radical (non-attesté) :

[-zu--] "surgir, venir à la surface"

et le mot le plus rapproché de inzu est :

kuzūka "revenir à la surface"... par extension "ressusciter"

De kuzūka on peut rapprocher kuzūra

Autres mots en rapport avec kuzūra, et également avec le radical [-zu--]

kuzūra "amener ou ramener à la surface"... par extension "déterrer, exhumer, ressusciter : évoquer les morts"

Kuzūra abǎpfūye, "pratique de magie noire, qui consiste à susciter les morts, à les ramener du schéol et à les envoyer nuire à telle ou telle famille"

kwîzūra "se relever, se dresser. Extraire quelque chose du sol sans aide". Par extension "se ressusciter, sortir du tombeau"

inzûrá *dresser furieusement la tête*, en loc. kugwa inzûrá, "se bagarrer"[34]

A travers cette série de mots, inzu est mis directement en rapport avec : "venir à la surface" et "ressusciter", et indirectement avec "exhumer un mort", même dans le but de nuire à la famille, avec "se dresser" (par ex. "du tombeau" et avec un mot de la neuvième classe qui se traduit littéralement par *dresser furieusement la tête*, et qui, en locution, signifie "se bagarrer".

---

[34] [-zu--] *Dict.* pp.585-587.
inzu, ama , 9/10, 6 (à rapprocher de -zūk-) *Dict.* p.585.
kuzūka, -tse, (cf. -zūr-) , "sortir (de terre)", "revenir à la surface... par extension "ressusciter", *Dict.* p.586.

Autrement dit, inzu comporte la notion de "surgir à la surface". Est-ce une action ayant quelque chose à voir avec "un mort exhumé" ou avec la "résurrection", ou avec une personne qui "dresse la tête" ?

Ces données linguistiques nous invitent à explorer, par exemple dans la littérature, la possibilité d'autres interprétations.

La littérature du Burundi et du Rwanda[35] est riche en images poétiques, comme l'une des devinettes du Rwanda nous le montre :

> Naaguteera hembé-rimwé maguru-ijana kabúno-kabozé
> -Inzu
>
> Ce qui a une seule corne, ce qui possède cent pattes, ce qui a un derrière pourri
>
> - La maison.[36]

La corne correspond à la flèche du toit, les cent pattes aux piliers et le derrière pourri à la partie des piliers qui est enfoncée dans la terre[37]. Autrement dit, la maison est comparée à une sorte d'animal comme par exemple la vache. (Notons que inká, "vache", appartient, elle aussi, à la neuvième classe).

La maison est donc non seulement un animal vivant (peut-être fécond), mais aussi un animal partiellement enfoncé dans la terre. Pour quelle raison la conception rwandaise recourt-elle à cette image pour décrire la maison ?

Pour en revenir aux parties de la maison, rappelons que l'ouverture est bordée par deux saillies, les cuisses, ibibero (voir photo 4 et dessin 8). Il s'agit en fait seulement de la face antérieure des cuisses, ce qui nous fait nous demander si dans l'image, les jambes ne seraient pas pliées, ou

---

[35]Le Rwanda et le Burundi ayant une culture commune, qu'il s'agisse de la langue, des croyances, des objets et de la forme de la maison, avec quelques variantes minimes entre les deux pays, nous nous sentons libre de puiser aussi dans la littérature du Rwanda.

[36]G. Dion, p. 183.

[37]*Ibid.* "La corne désigne le bâton pointu au sommet du toit conique ; les pattes se rapportent aux piliers ; enfin, les extrémités de ces piliers plantées dans le sol sont pourries."

plutôt enfoncées comme est l'arrière-train de l'animal. Un travail sur le Rwanda explique que la hutte est "enfoncée" dans la terre,[38] (tandis qu'au Burundi elle semble en "surgir).
Le vocable **ikibero**, se rattache au radical (non-attesté) [**-bér--**] "écarter pour sortir". Sur ce radical on forme le verbe **kubéragura** qui signifie :

"faire sortir le poussin de l'oeuf"[39]

Les cuisses s'écartent, elles aussi, pour laisser sortir l'enfant.

On peut se demander si d'autres parties de la maison correspondraient à cette description. Il nous semble que la construction de l'ouverture, **umuryângo**, peut nous éclairer davantage.

Les deux montants	**agashimbaryângo** (**-shim-** "prendre, saisir" **ryângo**)[40]
La voûte pré-éminente	**urukómraryângo** (**-kóm-** "toucher" **-ryângo**) **uru-** cl.11 forme augmentative[41]

Les montants "saisissent" **-ryângo** et la voûte le "touche". Malheureusement, nous ignorons le sens du thème **-ryângo**, dans le vocable **umuryângo**, nous savons pourtant que **umuryango** ("ceux qui mangent ensemble") désigne "la famille, le lignage", mais aucun rapport linguistique n'existe entre **umuryango** et **umuryângo**[42]. Une devinette rundi en fait justement un jeu de mots :

Umuryango uva ku umuryângo

La famille provient de la porte[43]

N'y aurait-il pas là une association d'idées significative ?

---

[38] E. Gasarabwe, p.155.

[39] [**-bér--**], *Dict.* p.31, cf. "levure", p.2, note 10.

[40] **-ryângo**, *Dict.* P.382.

[41] **-kóm-** "toucher, marteler, susciter", *Dict.* p.232.
L'analyse faite par Rodegem, 1974, cf. *Précis*, p.126.

[42] E. Gasarabwe le traduit "Celui qui mange les Ingo" (pl. de **urugó**), p.132.

[43] *SK*, N. 2973, p.306.

Ce qui touche aux montants c'est la porte -urūgi, fermée de l'intérieur au moyen d'un bâton. C'est la tâche de l'homme de la fermer et son identification avec elle est telle qu'un proverbe rundi dit :

> Urūgi ruva ku muryângo imbého ikînjira
>
> La porte quitte le chambranle et le froid entre.
> Quand le père de famille s'en va (meurt) tout va à vau l'eau[44].

Fermer la porte semble symboliser la pénétration de la femme[45].
D'après ces données, les deux montants et la voûte qui reçoivent la porte pourraient être les premières parties de la femme à être touchées par l'homme, c'est-à-dire, les petites lèvres et le clitoris[46] (voir photo 4 et dessin 8). Si la porte signifie l'homme, le thème -ryângo en umuryângo, "l'ouverture", ne trouverait-il pas sa signification dans umuryango, "la famille, le lignage", dans une société patrilinéaire ?

Il existe une expression encore plus parlante. La locution i muhira qui se traduit par : "à la maison", est à rapprocher de :

muhira "organes génitaux de la femme" (par euphémisme)[47]
"dans le vagin" (vulg.)[48] (Rwanda).

Si nous revenons à la case rundi, nous rencontrons la partie la plus retirée de la maison, haruguru dont le nom ajoute à la notion de hauteur celle de réclusion[49]. L'expression haruguru mu-nzu qui a le même sens, est le synonyme de ikare "l'intérieur du palais ("palais"-ingòro) dont on tire ab'ikare:

"femmes en général"[50]

---

[44] *SK*, N. 3348, p.342.

[45] A. Boucharlat, Lettre du 25 août 1975.

[46] "... La porte étant en particulier la représentation des organes génitaux de la femme comme c'est le cas chez les Dogons.", Note 3, p. 481., G. Calame-Griaule.

[47] -hira, *Dict.* p.164.

[48] A. Boucharlat, Lettre du 25 août 1975.

[49] haruguru, *Dict*, p.372 "en haut ; au-dessus". "Le coin le plus *reculé* d'une case, au fond de la maison". "Latin : *altum*, comme en rundi, haut (altitude) et profond." Rodegem, 19 juillet 1974.

[50] ikare terme noble, *Dict.* p.215.

Le **haruguru** est considéré comme si intime qu'il est interdit aux hommes d'y entrer. C'est là que la femme cuisine et que le couple y passe la nuit. Les filles y dorment aussi (les garçons couchant près de l'entrée). Le fait que le **haruguru** soit plus "élevé" et plus "retiré", et soit en même temps le centre de toute activité fécondante, nous semble indiquer qu'il est une représentation de la matrice (l'ensemble est protégé par le "diaphragme" et par le "dos")[51], dont l'entrée est le vagin, protégé par les organes génitaux qui sont comme "les vêtements qui voilent sa nudité."[52]

D'autres renseignements confirment bien que la hutte est liée à la notion de fécondité. La femme enceinte, par exemple, ne doit pas regarder une maison incendiée de peur de mettre au monde un enfant brûlé[53]. Un couple dont la maison a brûlé ne peut reprendre sa vie sexuelle avant qu'une autre soit bâtie[54]. Dans le même ordre d'idées, une femme enceinte ne doit pas regarder une personne qui se trouve en travers d'une porte, sinon elle n'enfantera pas[55]. Ici c'est l'ouverture même qui est mise en valeur.

Jusqu'à présent, nous avons trouvé une image de la femme, de ses organes génitaux, et de sa matrice, dans la maison, mais deux parties de l'habitation restent, encore, inexpliquées, de ce point de vue ; ce sont :

imisàya "les tempes"... "mâchoire"
isunzu "la houppe, huppe, faîte d'une maison"

---

51 "La chambre symbolise le corps d'une femme", p. 224, SCHULTZ-HENCHE, *Analyse des rêves*, cité dans G. CALAME-GRIAULE, p. 485, dans les notes : "En particulier elle est fréquemment le symbole du ventre maternel." p. 485.
DION explique que le seuil est le père, la maison la mère, p. 220.
Lors d'un entretien, en juillet 1975, avec le P. RODEGEM, nous lui avons présenté nos idées développées ci-dessus. Il nous a expliqué qu'il voyait dans la maison le symbolisme du sein (mamelle) de la femme. Dans une lettre du 4 septembre 1975, il précise ce point de vue en ajoutant que le **haraguru** représente peut-être les deux seins.

52 E. GASARABWE, p. 16.

53 *QVS* 19, p. 276. Rwanda "...elle aura un enfant 'tout chaud'." E. GASARABWE, p. 133.

54 **-ziro**, *Dict.* p. 583.

55 *QVS* 20, p. 15. Les enfants sont enterrés près de la porte.

Le vocable umusàya se traduit par "tempe" et par "mâchoire". D'autres mots de la même famille rendent le sens plus précis :

isàya "côté de la face, de la tempe à la mâchoire"
urwâsàyá "mâchoire, maxillaire, mandibule"[56]

ce qui nous suggère que pour les Barundi, la tempe et la mâchoire font un tout. Nous trouvons un autre exemple de cette façon de concevoir :

uruhǎnga "grand front"

à rapprocher de

-hâng- "le siège de la vue"

radical -hâng- "regarder fixement"[57]

Front / siège de la vue : tempes / mâchoire, donnent l'impression d'être deux parties, ou même deux moitiés, et pour pousser plus loin l'image, évoquent, eux aussi, un couvercle sur une corbeille[58].

Si cette interprétation est juste, quel sera le rapport entre la mâchoire, les cuisses et l'ouverture ? Une devinette du Rwanda, nous donne une explication possible :

Cyasamye kitaryaná
- Ikiryángo cy'inzu

Bien que la bouche soit grande ouverte, elle ne mord personne
- L'ouverture de la maison[59]

L'ouverture est fréquemment interprétée comme une sorte de bouche[60].

Un autre mot décrit la même similitude :

gutangāra "béer, être ouvert (porte). S'étonner"[61]

---

56 -sàya, *Dict.* p.401.

57 -hǎnga, *Dict* . p.142.

58 Dans une autre étude nous nous proposons d'approfondir le problème des parties du corps.

59 G. Dion, p. 82.

60 G. Dion, p.149. "La porte désigne la bouche".

61 -tangāra, *Dict.* p.472.

La bouche serait-elle seulement une autre façon de présenter "l'entrée féminine ?" Il se peut que les Barundi veuillent renforcer l'image d'ouverture en surimposant l'ensemble "tempes / mâchoire" ("bouche" incluse) à l'ensemble "cuisses" / "organes génitaux".

Cette interprétation s'accorde bien d'ailleurs avec la ressemblance entre umuryango / umuryângo, car le premier se traduit par "ceux qui mangent ensemble"[62] (la bouche est sous-entendue), le second par "ouverture". D'autres sens de "manger" (-rí-) seront donc à chercher dans la mentalité rundi. La place des cuisses, dans une telle conception, reste confuse.

En ce cas-là, quel sera alors le sens de isunzu, la houppe ? Pendant la construction de la maison, la houppe comme le toit, est faite à part, tressée comme lui, et ajoutée ensuite. Elle est tressée d'ailleurs selon une forme phallique[63] qui n'est plus visible une fois qu'elle est recouverte de chaume.

La houppe semble liée avec le père dans le proverbe rundi :

Umwâna w'îséma avūkana isunzu

L'enfant porte-malheur naît avec une houppe.
Ou bien son père mourra bientôt, ou lui-même ne vivra pas[64].

Aussi dans celui-ci :

Umwâna w'umusúre avūkana isunzu

Le jeune moineau naît avec une houppe sur la tête.

Tout jeunes, les enfants ont déjà de qui tenir et reproduisent des traits de caractère de leurs parents[65].

En tant que quelque chose qui sort de la tête, la houppe pourrait symboliser le phallus qui est l'extension de l'homme.

Le fait de placer un symbole phallique sur le toit nous renvoie aux détails de la construction. Le toit est placé sur les piquets légèrement pliés vers le centre pour recevoir ce toit qui s'enfonce de plus en plus vers eux. Comme nous l'avons expliqué, cet acte semble réactualiser la création du monde entre le ciel et la terre, aussi bien que l'acte fécondant entre l'homme et la femme.

---

[62] Cf. E. Gasarabwe, p. 132, note 42, p. 12.

[63] J. Van der Burgt, p. 45.

[64] *SK* 3175, p. 325. Un enfant né avec une houppe peut être aussi un signe de chance.

[65] *SK* 3185, p. 326.

La houppe serait-elle placée sur le toit pour rappeler le caractère masculin de cette partie de la maison[66] ? Il faut noter qu'il est formellement interdit à la femme d'y grimper[67], comme il lui est interdit de le couvrir de chaume[68]. Aucun animal féminin, brebis[69], chèvre, n'a le droit d'y monter non plus. Ces interdits nous semble renforcer l'interprétation masculine du toit et de la houppe.

L'analyse précédente suggère, à travers l'image du couvercle sur une corbeille, une vision symbolique de la maison comportant une partie mâle surmontant une partie femelle. Nous reprendrons maintenant cette image et quelques autres par des exemples recueillis dans la littérature du Rwanda-Burundi, pour trouver d'autres conceptions de la maison.

Ainsi reparaît de nouveau la métaphore de la corbeille dans une devinette du Rwanda (il s'agit de quatre formulations avec la même réponse) :

1. **Inzu yanje yuuzuzwa n'urubáriro rumwé**
   Ma maison est achevée par une seule entretoise en spirale.

2. **Ngira umwána akagira ingingo zigerékeranye**
   J'ai un enfant : il a des jointures qui sont empilées les unes sur les autres.

3. **Ngira umwána wanjye nkamuteera icúmi akánga agakúra**
   J'ai mon enfant, je lui donne un coup de lance, et, malgré cela, il grandit.

4. **Ngira umwána wanjye nkamutungiisha icyúma nkamureka akúze**
   J'ai mon enfant, je le nourris avec un objet de fer, puis je l'abandonne quand il est devenu grand.

icyíbo
Une petite corbeille tressée

---

[66] Rappelons que dans la maison sans houppe, c'est la partie supérieure qui s'appelle **isunzu**.

[67] *QVS* 19, p. 272.

[68] *QVS* 19, p. 279.

[69] Cf. *SK* 1823, p. 198.

En Kirundi, icîbo (en kinyarwanda icyíbo[70]) décrit une corbeille avec un couvercle conique[71]. Rappelons-nous qu'au Rwanda, la houppe de la maison est remplacée par une flèche, ce qui peut faire comprendre davantage l'emploi de cette image. Quant à l'enfant, la forme conique se réfère probablement à sa houppe.

Bien que cet enfant ait l'air d'être déjà "grandi", un thème commun semble exister entre lui et la maison, car ils sont tous les deux créés, c'est-à-dire, "tressés", au moyen d'une petite lance, l'alène. Comme ce sont les femmes qui fabriquent les corbeilles, il se peut que l'allusion cachée derrière cette présentation de la devinette soit celle d'une création maternelle.

A ce propos, au Rwanda-Burundi, il existe une forme de vannerie dont le couvercle s'insère à l'intérieur de la corbeille. La corbeille est nommée nyina "mama", et la partie qui entre umwâna "enfant"[72]. L'idée de la mère et de son enfant ressort d'autre part implicitement du terme icǎri qui veut dire "nid", et, aussi "très petite maison"[73]. Le "nid" et la corbeille-mère constituent chacun une "maison" pour l'enfant.

La maison est conçue d'une autre façon dans la devinette suivante :

> Inzu itagirá umuryângo
> - irigi
>
> Quelle maison n'a pas de porte ?
> - L'oeuf.[74]

La forme ovale et globale de l'oeuf évoque, plus encore que les exemples précédents, une grande enveloppe contenant un liquide, suggérant donc le placenta avec le foetus.

Comme nous l'avons déjà vu, les termes pour "placenta", et pour "foetus", figurent dans la même classe qu'inzu (et ingòro, "palais"). L'un de ces thèmes pour placenta -govyi, est employé pour former d'autres mots : une forme redoublée ikígovyigovyi, décrit "la peau de fleur de bananier" umwâna w'igi-

---

[70] DION, p. 128.

[71] -îbo, *Dict.* p. 187.

[72] -âna-, *Dict.* p. 9.

[73] -ǎri, *Dict.* p. 15 "... le nid d'oiseau est le symbole de la hutte sans piquets.", E. GASARABWE, p. 177.

[74] -ryângo, *Dict.* p. 382. *QVS* 18, p. 227 ajoute : "sans fenêtres". Noter que umuryângo "l'entrée" se traduit par "porte".

toke - "l'enfant de bananier" est la fleur)[75]. Et dans le terme suivant :

icúzuràngovyi "enfant potelé, gros poupon"

(uzûr - "remplir", -govyi "placenta")

kuwuzûra "être rempli"[76]

En rapport avec kwûzura ou trouve kwûzuza "emplir, remplir" par exemple dans l'expression :

kwûzura umǔpira "gonfler le pneu"

kwûzuza signifie aussi :

"achever une maison, en terminer la construction"[77]

Achever une maison serait-il l'acte de "remplir" quelque chose ? Nous n'avons pas d'autres exemples pour le confirmer actuellement.

Par ailleurs, la maison rundi ne ressemble pas à un oeuf, en tout cas pas à un oeuf entier. A la rigueur, elle peut en représenter une moitié, l'autre partie restant enterrée dans la terre.

A travers ces images qui rapprochent la maison de l'enfant, du nid, et de l'oeuf, quelle idée-clef se présente à nous ? A notre avis, celle d'un enfant à l'intérieur de sa "maison", ou plus précisément, à l'intérieur de sa mère. Nous avons déjà dégagé une image de la femme : dos, diaphragme, organes génitaux, matrice et cuisses, dont une partie est enfoncée dans la terre. Or, l'enfant, lui non plus, ne semble pas entièrement visible, car ce n'est que la tête qui se manifeste (inzûrá - "dresser... la tête")[78], une tête qui paraît être le symbole de la participation du père (couvercle) et de la mère (corbeille) dans sa création, les cheveux (isunzu) appartenant à l'aspect masculin, la mâchoire (bouche incluse) à l'aspect féminin[79].

---

75 -govyi, *Dict.* p.125 "enfant", *SK*, note p. 323.

76 -ûzura, *Dict.* p. 532.

77 -ûzuza, *Dict.* p. 533.

78 inzûrá est de la même famille de mots que inzu. Cf. [-zu--] "surgir, "venir à la surface", *Dict.* p. 585.

79 I. NZINAHORA, en réponse à nos questions, semble soutenir notre intuition: "... Je pense qu'il faut considérer les tempes (imisaya) par rapport à l'insunzu (cheveux)... *si on compare la maison à une tête* [c'est nous qui soulignons] et que la partie de devant correspond à celle qui comprend l'entrée, la tempe correspond à la partie où le rugó se joint à la maison." Lettre du 16 septembre 1975. Ainsi que : E. GARASABWE : "Les cuisses... s'estompent devant l'observateur pour laisser la place à *une gigantesque tête* [c'est nous qui soulignons], à chevelure de chaume..." p. 187.

Reconnaître la présentation de l'enfant dans la maison, en tant qu'être né de la terre-mère, semble s'accorder davantage avec le concept de [-zu--] "surgir, venir à la surface". Mais les données linguistiques (kuzūka "... ressusciter" est à rapprocher de inzu, "maison") nous obligent à nous demander, peut-être à travers les rites, pourquoi cette "naissance" serait vue comme une "résurrection".

Au moment des funérailles, le mort est enterré précisément en position foetale, position qui peut suggérer le retour au sein de la terre-mère. Le défunt est-il condamné à passer sa vie dans les profondeurs de la terre ukuzimi ? Selon la croyance rundi, non, car les ancêtres sont censés se réincarner dans les enfants nouveaux-nés, comme le grand-père dans le petit-fils[80] (umuwuzukúru - inzu "maison" ; kúku "ancien")[81]. Comme l'exprime un proverbe rundi :"naître", c'est "ressusciter" :

ibirēre birapfá ibǐndi bikazūka

Les gens célèbre meurent, mais d'autres naissent (ressuscitent)[82].

La résurrection sera donc celle du grand-père ou de l'ancêtre qui, après avoir demeuré, en position foetale dans la terre, "dresse... la tête"[83] pour renaître (ou "ressusciter") dans l'enfant, porteur du lignage, inzu, transmis par les hommes, dans un cycle de vie qui se renouvelle continuellement.

Cette intimité entre l'ascendant et le nouveau-né se manifeste aussi dans un autre rite, lors de la naissance. Après l'accouchement, l'un des grands-parents va prendre la placenta de l'enfant et l'enterre sous un bananier planté à cette occasion. Désormais, seul cet aïeul pourra toucher à l'arbre et consommer ses fruits, car il y a en lui quelque chose de l'enfant[84].

Pourquoi le bananier ? Nous avons déjà vu les termes décrivant la peau et la fleur, mais que signifie l'arbre lui-même ? Pour la famille, planter un

---

80 Des renseignements sur la réincarnation du grand-père dans le petit-fils, nous sont parvenus dans une lettre du 4 sept. 1975 du P. RODEGEM.

81 *Dict.* p.617 ; inzukúru, p.584.

82 *SK* 3996, p.405.

83 inzûrá, *Dict.* p.587. "... Culte des Ancêtres... fait sourire les Ancêtres et leur fait *lever la tête*" (C'est nous qui soulignons). E. GASARABWE, p.167.

84 -zogi, *Dict.* p.585. Le texte précise que c'est la grand-mère quand elle a assisté à l'accouchement.

bananier, c'est vouloir s'installer[85], et c'est à l'homme qu'incombe la plantation. D'ailleurs une chanson de jeune fille rundi exprime la plainte :

Dieu m'a fait mal
Car je ne peux planter un bananaier
A la maison de mon père[86].

Si la peau et la fleur symbolisent le placenta et l'enfant, l'arbre sera-t-il celui qui porte l'enfant, donc la matrice, la mère ? Dans ce cas, planter un bananier n'est-ce pas créer une sorte de demeure où les "enfants" sont conçus, protégés et nourris ? N'est-ce pas bâtir une deuxième maison ? Par ailleurs, un bananier qui produit "des fruits très longs", s'appelle **umuzúzu** terme dans lequel nous supposons que **-zúzu** est le thème redoublé de **-zu** "maison"[87].

C'est l'homme qui est le créateur du bananier, de la hutte, et tous deux seront une "matrice" pour sa progéniture.

*

Finalement, la branche de ficus plantée lors de la fondation d'une maison, n'est donc qu'une greffe de tout l'arbre ancestral[88] qui prendra racine et deviendra "mûr" sous un soleil qui meurt et renaît chaque matin.

*

Par le biais de la langue ainsi que par celui de la culture et de la littérature, nous avons essayé de montrer comment se manifeste l'image du corps dans la maison.

---

85 Sr. Denise, *Bene Tereza*, 1971, Burundi.

86 Chantée et traduite (texte en kirundi illisible) par une jeune fille rundi, 1971, Burundi.

87 **-zúzu**, *Dict.* p.588. Dans le dictionnaire aucun rapprochement linguistique n'est fait entre **-zu**, 9 "maison" et **-zúzu**, 3/4.

88 Les feuilles de ficus symbolisent l'enfant, l'arbre, le père. Cf. A. Boucharlat, p. 90.

Partant du double symbolisme de l'homme et de la femme, nous avons été amenée, sous la pression des données linguistiques et culturelles concernant la maison, à pousser plus loin la recherche symbolique : les quelques hypothèses présentées ici, ne sont qu'une partie d'un travail qui devra se poursuivre. Pour cette étude, nous avons l'intention d'analyser aussi des contes recueillis par Evariste NGOYAGOYE dont une partie est déjà traduite par Grégoire BIRIHANYUMA, et dont l'autre est en cours de traduction au Burundi.

Cette manière, largement répandue en Afrique[89], de concevoir la maison comme un corps humain, ne relève pas uniquement de l'anthropologie. Nous rencontrons cette même ligne d'interprétation chez les psychanalystes[90], comme JUNG, par exemple, qui voit le centre de la maison (où se trouve le four), comme le ventre, et le grenier comme la tête[91]. Il y a là, semble-t-il matière à une recherche comparative qui pourrait mettre en lumière une des constantes symboliques les plus fondamentales de l'esprit humain.

---

89 Références à d'autres études sur la conception anthropomorphique de la maison :
- CALAME-GRIAULE, G., 1955, Notes sur l'habitation du Plateau Central Nigérien, extrait de *Bull. de l'I.F.A.N.*, T. XVII, sér. B., n° 3-11.
- FEDRY, J., *L'expérience du corps comme structure du langage. Essai sur la langue Sār-Tchad,* Collège Charles Lwanga, Pub. d'Etudes linguistiques Sorah-Tchad.
- GRIAULE, M., 1966, *Dieu d'Eau*, Paris, Hachette.
- LEBEUF, J.P., 1961, *L'habitation des Fali*, Paris, Hachette.
- ZAHAN, D., 1950, L'habitation mossi, extrait de *Bull. de l'I.F.A.N.*, Tome XII, n° 1.

90 SCHULTZ-HENCHE, *Analyse des rêves*, p. 224, cité par G. CALAME-GRIAULE, note 3, p. 481.

91 JUNG, C., p. 74

BIBLIOGRAPHIE

BAGEIN, P., 1951, *Petite grammaire Kirundi*, Bujumbura, Les Presses Lavigerie.

BOUCHARLAT, A., 1975, *Le Commencement de la sagesse. Structure et fonctions des devinettes au Rwanda*, Paris, SELAF, 1975.

CALAME-GRIAULE, G., 1955, Notes sur l'habitation du Plateau Central Nigérien, extrait de *Bull. de l'I.F.A.N.*, T. XVII, sér. B., N° 3-11.

DION, G.M., 1971, *Devinettes du Rwanda-Ibisakuzo*, Butare, Edit. Univ. du Rwanda.

ELIADE, Mircea, 1970, *Traité d'histoire des religions*, Paris, Payot.

GASARABWE, E., 1971, *Aspects de l'univers mystique des Rwandais au temps de la royauté nyginya - le partage de l'espace*, Thèse de 3ème cycle, EPHE VI.

JUNG, Carl G., 1964, *Man and His Symbols*, New-York, Doubleday.

Que Vous en Semble, 1972, 1971, Revue Cercle St. Paul, 1972 (20, 19, 18) et 1971 (13) Bujumbura.

RODEGEM, F., 1973, *Anthologie rundi*, Paris, Armand Colin.

1970, *Dictionnaire rundi-français*, Tervuren.

1962, *Patrimoine culturel rundi*, Tome XI, Burundi, CELA.

1967, *Précis de grammaire rundi*, Bruxelles, Story-Scientia.

1961, *Sagesse Kirundi*, Tervuren.

TROUWBURST, N., 1962, dans d'HERTEFELT, TROUWBURST, SCHERER, *Les Anciens royaumes de la zone interlacustre Rwanda-Burundi, Buha*, Tervuren.

VINCENT, M., 1954, "L'Enfant au Ruanda-Burundi", *Inst. Royal Colonial Belge*, Coll. in-8°, Tome XXIII, fasc. 6 et dernier, Bruxelles.

ILLUSTRATIONS

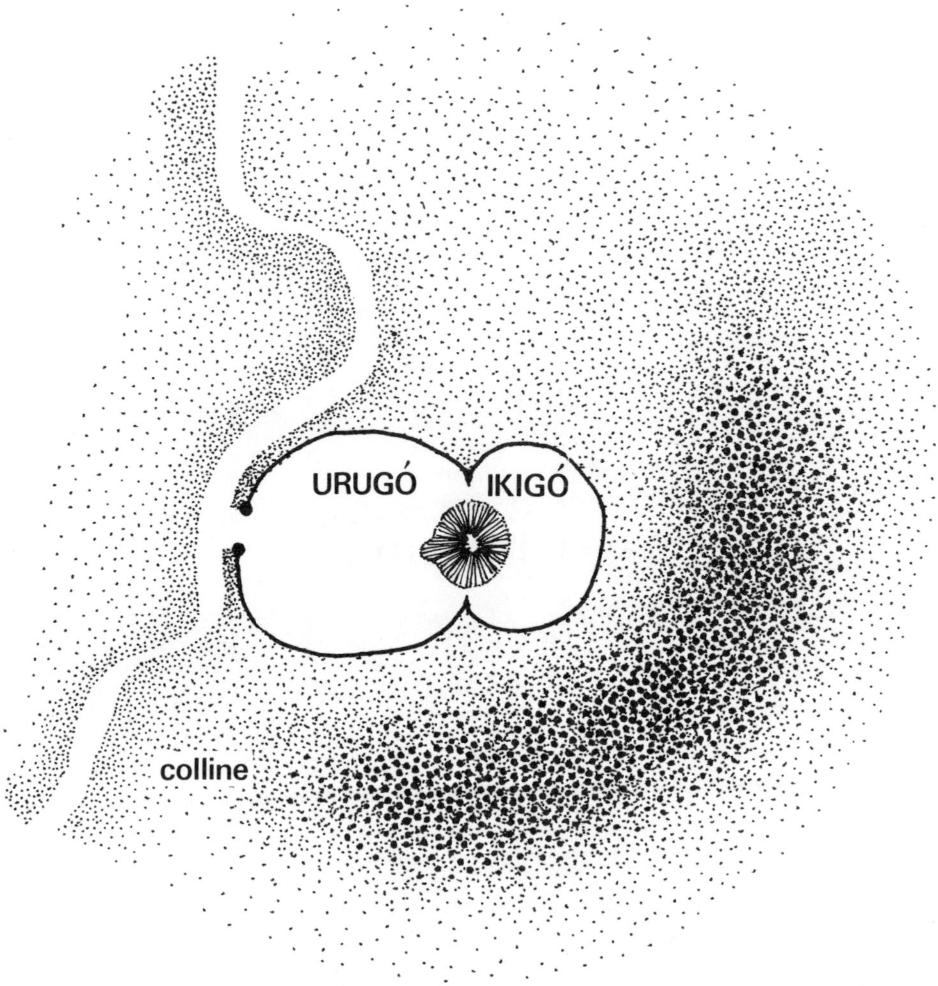

fig. 1

Dessins réalisés par Maïté VIENNE et Colette CHAUMET, d'après les croquis de I. NZINAHORA (fig. 8) et J. Van der BURGT, *Dictionnaire français-kirundi*, Bois-le-Duc, 1904, p. 640a (fig. 5, 6 et 7).

Photographies: Anne STANFORD

Photo 2

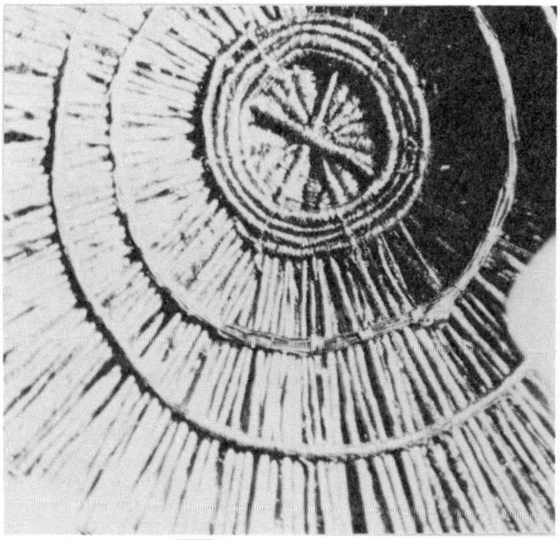
Photo 3

Photo 4

fig. 5 — Le toit

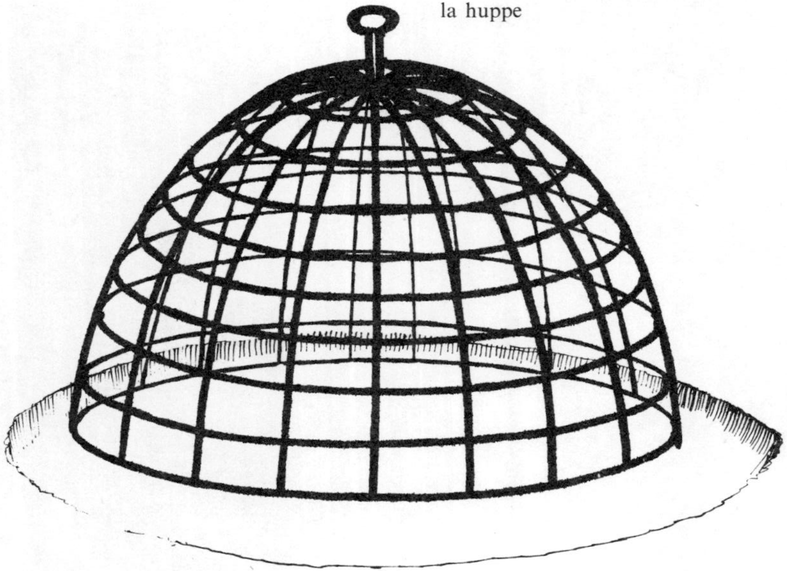

fig. 7 — La hutte non couverte

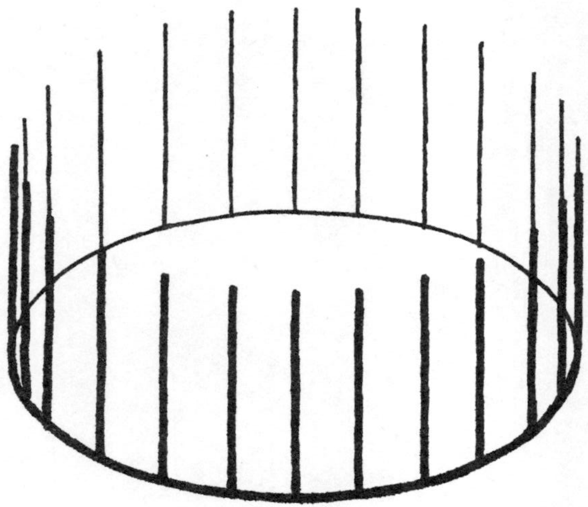

fig. 6 — Les piquets

1. — **Umuryângo**
2. — **Ibishimaryângo**
3. — **Urukómaryângo...**
4. — **Ibibero**
5. — **Imisáya y-inzu**
6. — **Isunzu y-inzu**
7. — **Umugôngo w-inzu**

fig. 8

TABLE DES MATIÈRES

PUBLICATIONS DE LA SELAF

Bibliothèque de la SELAF

Les Années 1967 et 1968 sont parues sous le titre "Bulletin de la SELAF".

Année 1967

1. Gladys GUARISMA
   Esquisse phonologique du bafia (langue bantoue du Cameroun méridional) - *2e édition*
2. Marcel GROSS
   Essai pour une phonologie du baule (langue kwa de Côte d'Ivoire) - *2e édition.*
3. France CLOAREC-HEISS
   Essai de phonologie du parler banda-linda de Ippy (langue du sous-groupe Oriental du groupe Adamawa-Oriental, famille Niger-Congo, parlée en République Centrafricaine) - *2e édition.*
4. Nicole TERSIS
   Essai pour une phonologie du gurma. Lexique gurma-français (langue gur du Nord-Togo) - *2e édition.*

Année 1968

5. Claude HAGEGE
   Description phonologique du mbum (langue du groupe Adamawa, famille Niger-Congo, parlée au Cameroun centre-ouest) - *2e édition.*
6. Suzanne PLATIEL
   Esquisse d'une étude du musey (langue des confins tchado-camerounais, famille Tchado-hamitique) - *2e édition.*
7. Marie-Paule FERRY
   Deux langues tenda du Sénégal, basari et bedik (groupe de l'Ouest-Atlantique, famille Niger-Congo) - *2e édition.*

8. Jean-Pierre CAPRILE

Essai de phonologie du mbay. Emprunts arabes en mbay (langue sara, groupe Soudanais-Central, famille Nilo-Saharienne, parlée aux confins du Tchad et de la République Centrafricaine) - 2e *édition.*

9. Paulette ROULON

Essai d'une phonologie du tyembara (dialecte sénoufo) - (langue gur de Côte d'Ivoire) - 2e *édition.*

10. Nicole TERSIS

Le parler dendi : phonologie, lexique, emprunts (langue véhiculaire nilo-saharienne du groupe songhai, parlée aux confins du Niger, du Dahomey et du Nigéria) - 2e *édition.*

Depuis 1969, nos publications portent le titre "Bibliothèque de la SELAF", sous lequel sont déjà parus :

Année 1969

11. Claude HAGEGE

Esquisse linguistique du tikar (Cameroun)— (famille Niger-Congo , groupe Bénoué-Congo, sous-groupe Bantoïde).

12 - 13. Gabriel MANESSY

Les langues gurunsi. Essai d'application de la méthode comparative à un groupe de langues voltaïques.

14. France CLOAREC-HEISS

I. Banda-linda de Ippy. Phonologie. Dérivation et composition - II. Les modalités personnelles dans quelques langues oubanguiennes (discours direct — discours indirect) — (banda, manza, ngbaka et gbandili du sous-groupe Oriental d'Adamawa Oriental, famille Niger-Congo).

15. Gladys GUARISMA

Etudes bafia : Phonologie. Classes d'accord. Lexique bafia-français (langue bantoue du Cameroun).

16. Geneviève CALAME-GRIAULE (éditeur)

Le thème de l'arbre dans les contes africains, I. - 2e édition.
Introduction, par Geneviève CALAME-GRIAULE
I. L'arbre au trésor, par Geneviève CALAME-GRIAULE
II. L'arbre oven, par Louis MALLART-GUIMERA
III. Dialectique de la vie et de la mort autour de l'arbre dans les contes haïtiens, par Laënnec HURBON

Année 1970

17. Geneviève N'DIAYE-CORREARD

Etudes fca ou balante (dialecte ganja). Système des classes nominales. Lexique fca-français. Textes : I. Travaux et coutumes. II. Histoire. (langue du groupe Atlantique Occidental de la famille Niger-Congo).

18 - 19. Claude HAGEGE

Le mbum de Nganha (Cameroun). Phonologie. Grammaire. (langue du sous-groupe Adamawa, groupe Adamawa-Oriental, famille Niger-Congo).

20. Geneviève CALAME-GRIAULE (éditeur)

Le thème de l'arbre dans les contes africains, II.
Introduction, par Geneviève CALAME-GRIAULE
I. L'arbre justicier, par Veronika GÖRÖG-KARADY
II. L'arbre et le mariage, par Assia POPOVA
III. L'arbre ancestral, par John D. STUDSTILL

21 - 22. Simha AROM

Conte et chantefables ngbaka-ma'bo (République Centrafricaine) - I. Textes, II. Disques (8 textes avec traduction mot à mot et traduc - tion intelligible, notes linguistiques et ethnographiques, commentaires, transcription musicale des chants de chantefables et enregistrement intégral des textes et chants).

Année 1971

23 - 24. Marcel VAN SPAANDONCK

L'analyse morphotonologique dans les langues bantoues (Identification des morphotonèmes et description de leurs représentations tonologiques), traduit du néerlandais et préfacé par Luc BOUQUIAUX.

25. ETUDES BANTOUES

I. Devinettes laadi annotées (République du Congo-Brazzaville), par André JACQUOT
II. Esquisse phonologique du duala (République Fédérale du Cameroun), par Christiane PAULIAN
III. Notes linguistiques gbaya (langue Adamawa-Oriental, famille Niger-Congo) :
- *Rapport sur la phonologie d'un dialecte gbaya : le gbaya-'bodoe du groupe kaka,* par Paulette ROULON
- *Note sur la phonologie d'un dialecte gbaya de Berbérati,* par Yves MONINO
- *Esquisse d'une dialectologie gbaya,* par Yves MONINO

IV. Comptes rendus et résumés d'ouvrages et d'articles adressés à la SELAF en 1971.

26. Jean-Pierre CAPRILE

La dénomination des couleurs chez les Mbay de Moissala (une ethnie sara du sud du Tchad).

Notes linguistiques

Littérature orale (Activités d'un groupe d'études de l'ERA 246 du CNRS, Responsable P.F. LACROIX).
Langages et cultures (Activités d'un groupe d'études de l'ERA 246 du CNRS, Responsable P.F. LACROIX).
Problèmes théoriques et méthodologiques en description (Activitésdu groupe d'études de l'ER 74 du CNRS, pendant l'année universitaire 1969-70, Responsable Jacqueline M.C. THOMAS).
Tons, catégories grammaticales et syntagmatique (Activités du groupe d'études de l'ER 74 du CNRS, pendant l'année universitaire 1970-71, Responsable Jacqueline M.C. THOMAS).

27 - 28. Gisèle DUCOS

Structure du badiaranke de Guinée et du Sénégal (Phonologie, Syntaxe) - (langue du groupe Atlantique Occidental, famille Niger-Congo).

Année 1972

29. Pierre-Francis LACROIX

L'expression du temps dans quelques langues de l'Ouest africain . Etudes lexicales.

I. L'expression du temps en dogon de Sanga, par Geneviève CALAME-GRIAULE.

II. L'expression du temps chez les Bedik et les Basari du Sénégal oriental, par Marie-Paule FERRY.

III. Eléments d'analyse de la notion de temps dans la langue des Peuls du Niger, par Christiane SEYDOU.

IV. La division du temps chez les Peuls de l'Adamawa, par Pierre-Francis LACROIX.

V. Schéma d'analyse socio-linguistique de la notion de temps chez les Tyokossi, par Diana REY-HULMAN.

VI. L'expression du temps en samo, par Suzanne PLATIEL.

30. Anne RETEL-LAURENTIN et S. HORVATH

Les noms de naissance. Indicateurs de la situation familiale en Afrique Noire.

31. Yves MONINO et Paulette ROULON

Phonologie du gbaya-kara 'bodoe de Ndongue-Bongowen (Région de Bouar, R.C.A.) - (langue oubanguienne)

32. Johannes ITTMANN

Esquisse de la langue de l'association cultuelle des Nymphes au bord du Mont Cameroun. Notes linguistiques + Comptes rendus.

33-34. Nicole TERSIS

Le zarma (République du Niger). Etude du parler djerma de Dosso - Phonologie, syntématique et syntagme nominal.

Année 1973

35-36-37. Gladys GUARISMA

Le nom en bafia (langue bantoue du Cameroun).

38. Pascal BOYELDIEU, Luc BOUQUIAUX, Xavier GUINET, Judith HEDGER

Problèmes de phonologie (yakoma, rundi, sungor, wolof).

39-40. Suzanne RUELLAND

La fille sans mains. Analyse de dix-neuf versions africaines du conte.

Année 1974

41. André JACQUOT

Les noms personnels laadi (Kongo), répertoire onomastique.

42-43. Geneviève CALAME-GRIAULE (éditeur)
Le thème de l'arbre dans les contes. III.

44-45. Simha AROM et Jacqueline M.C. THOMAS
Les Mimbo, génies du piégeage et le monde surnaturel des Ngbaka-Ma'bo (R.C.A.).

46. Raymond BOYD
Etudes comparatives dans le groupe Adamawa.

Année 1975

47-48. Pascal BOYELDIEU
Etudes Yakoma. Morphologie - Synthématique (langue oubanguienne)

49-50. Christiane PAULIAN
Le Kukuya (Langue teke du Congo).

51-52. Paulette ROULON
Le verbe en gbaya (R.C.A.).

Année 1976

André JACQUOT
Etudes Bantoues. II. - A. JACQUOT, Phonologie - Morphologie myene. A.E. MEEUSSEN, Tonalité du nom en laadi. C. GREGOIRE, du verbe en laadi.

René LETOUZEY
Contribution de la botanique au problème d'une éventuelle langue pygmée.

Gladys GUARISMA
Phonologie du vute (langue bantoïde du Cameroun)

Bernard SURUGUE
Etudes gulmance : phonologie, classes nominales, lexique (langue voltaïque).

Luc BOUQUIAUX (éditeur)
Théories et méthodes en linguistique africaine (Communications au XIe Congrès de la S.L.A.O.).

Jean-Pierre CAPRILE (éditeur)
Phonologie tchadienne.

Numéros Spéciaux

1. ER 74 du CNRS

ENQUETE ET DESCRIPTION DES LANGUES A TRADITION ORALE :

I. Introduction à l'enquête de terrain, par Luc BOUQUIAUX et Jacqueline M.C. THOMAS (contributions de Simha AROM et Jean-Claude RIVIERRE).

II. Notions d'analyse grammaticale pour la description, par Luc BOUQUIAUX et Jacqueline M.C. THOMAS.

III. Questionnaires d'enquête, guides d'analyse et de description, par Simha AROM, Luc BOUQUIAUX, Jean-Pierre CAPRILE, France CLOAREC-HEISS, Geneviève DOURNON-TAURELLE, Gladys GUARISMA, Claude HAGEGE, Françoise LEDUC, Charlotte LEVANTAL, Yves MONINO, Aurore MONOD, Suzanne PLATIEL, Jean-Claude RIVIERRE, Nicole TERSIS, Jacqueline M. C. THOMAS, Corinne VENOT.

Paris, SELAF, 1971, 5 fasc. en 1 coffret (21x27), 750 p., fig. (épuisé), 2e éd., 1975, 3 vol. in 8°, 850 p.

2. Denise FRANCOIS

Français parlé. Analyse des unités phoniques et significatives d'un corpus recueilli dans la région parisienne.

Préface de André MARTINET.

Paris, SELAF, 1974, 2 vol., 900 p., 2 cartes.

3. COLLOQUES INTERNATIONAUX DU CENTRE NATIONAL DE LA RECHERCHE SCIENTIFIQUE

LES LANGUES SANS TRADITION ECRITE : METHODES D'ENQUETE ET DE DESCRIPTION (Nice 28 Juin - 2 Juillet 1971).

Préface,

I. Préliminaires à l'enquête. Elaboration des questionnaires, par Z. JUNKOVIC, A.N. TUCKER, A. PROST, P-F. LACROIX, J.H. HOLLYMAN

II. Techniques d'information, par M. HOUIS, C. PAINTER, W.J. SAMARIN, G. CALAME-GRIAULE, G. ROUGET, R. FERRELL

III. Problèmes de comparaison généalogique, par G. MANESSY, H. JUNGRAITHMAYR, A. G. HAUDRICOURT

IV. Constitution des corpus et méthodes de description, par J. DONEUX, B. POTTIER, H. OUNALLI et H. SKIK, J-P. ANGENOT, L. BOUQUIAUX, Simha AROM, J.L. DONEUX, M. HOUIS, J.T. BENDOR-SAMUEL

V. Organisation et fonctionnement des équipes de recherche. Programmes et travaux en cours, par P-F. LACROIX, P. ALEXANDRE, A. DIOP, M-J. CALVET, J.L. DONEUX, P-F. LACROIX et S. PLATIEL, J-P. CAPRILE, L. BOUQUIAUX

VI. Communications non discutées en séances, par S. SAUVAGEOT, J. GILL, Y. PLAM, J. LE SAOUT et L. DUPONCHEL, J. GORGONIEV, E. GREGERSEN, H.A. GLEASON.

Paris, SELAF, 1975.

Collection

"LANGUES ET CIVILISATIONS A TRADITION ORALE"

1. André G. HAUDRICOURT - Problèmes de phonologie diachronique (réédition d'une série d'articles parus dans différentes revues françaises et étrangères).
   I. Introduction II. Principes théoriques III. Applications à l'histoire du français IV. Premières applications en Indochine V. Applications au karen VI. Applications au vietnamien et au chinois VII. Application au miao-yao et au thai VIII. Conclusions pour l' Indochine IX. Applications en Océanie.
   Paris, SELAF, 1972, 392 p., cartes, Prix : 59 F.

2. Gabriel V. SEVY - Terre ngbaka : Etude de l'évolution de la culture matérielle d'une population forestière de République Centrafricaine. Préface de Gilles SAUTTER.
   I. Esquisse ethno-historique II. Aspects de la culture matérielle III. Perspectives d'une économie nouvelle.
   Paris, SELAF, 1972, 416 p. 52 pl. phot., Prix : 62 F.

3. France CLOAREC-HEISS - Le syntagme verbal banda (République Centrafricaine)
   Paris, SELAF, 1972, 142 p., 2 cartes, Prix : 27 F.

4. Martine MAZAUDON - Phonologie du tamang (langue tibéto-birmane, parlée au Népal).
   Paris, SELAF, 1972, 192 p., 2 cartes, Prix : 38 F.

5. Jean-Claude RIVIERRE - Phonologie comparée des dialectes de l'extrême-sud de la Nouvelle-Calédonie.
   Paris, SELAF, 1973, 214 p., 3 cartes, Prix : 32 F.

6. Roger LABATUT - Le parler d'un groupe de Peuls nomades du Nord-Cameroun
   Paris, SELAF, 1973, 280 p., 2 cartes, Prix : 49 F.

7. Petites Soeurs de Jésus (Agadès) - Contes touaregs de l'Aïr. Introduction de Lionel GALAND. Commentaires de Geneviève CALAME-GRIAULE.
   Paris, SELAF, 1974, 350 p., Prix : 65 F.

8. Catherine PARIS - La princesse Kahraman. Contes d'Anatolie en dialecte chapsough (Tcherkesse occidental).
   Paris, SELAF, 1974, 302 p., Prix : 75 F.

9. Aurore MONOD-BECQUELIN - La pratique linguistique des Indiens trumai (Haut-Xingu, Mato grosso, Brésil).
   Paris, SELAF, 1974, 375 p.

10. Aurore MONOD-BECQUELIN - Mythes trumai (Haut-Xingu, Mato Grosso, Brésil).
    Paris, SELAF, 1974, 260 p.

11. Gérald TAYLOR - Le parler quechua d'Olto, Amazonas (Pérou) : phonologie, esquisse grammaticale, textes.
Paris, SELAF, 1974, 175 p., 2 cartes.

12. Idelette DUGAST - Contes, proverbes et devinettes des Banen du Cameroun.
Paris, SELAF, 1974, 900 p. (2 vol.).

13. Marie-José et Jean DERIVE, Jacqueline M.C. THOMAS - La crotte tenace et autres contes ngbaka-ma'bo (R.C.A.).
Paris, SELAF, 1975, 310 p., dessins.

14. Alain BOUCHARLAT - Le commencement de la sagesse. Les devinettes au Rwanda.
Paris, SELAF, 1975, 180 p., photos, dessins.

15. Gaston CANU - Description synchronique de la langue mo:ré (dialecte de Ouagadougou).
Paris, SELAF, 1975, 450 p.

16. Gabriel MANESSY - Les langues oti-Volta.
Paris, SELAF, 1975, 350 p. 1 carte

17. Jean DERIVE - Les problèmes de traduction en langue écrite de la littérature orale vue à partir d'un exemple négro-africain : les contes ngbaka-ma'bo (R.C.A.)
Paris, SELAF, 1975, 310 p., dessins.

18. Nicole TERSIS - La mare de la vérité. Contes et musique zarma. Niger.
Paris, SELAF / CETO-ORSTOM, 1975, 150 p., 2 disques 33 t. 17 cm.
(Réalisation Bernard SURUGUE)

19. Jacqueline de LA FONTINELLE - La langue de Houailou (Nouvelle-Calédonie).
Paris, SELAF, 1975, 380 p.

Françoise OZANNE-RIVIERRE - Le iaai (langue mélanésienne d'Ouvéa).
Paris, SELAF, 275 p., 2 cartes.

Denise BERNOT - Le prédicat en birman parlé.
Paris, SELAF, 1975.

Henri CAMPAGNOLO - La langue des Fataluku de Loréhe (Timor).
Paris, SELAF, 250 p., 3 cartes.

France CLOAREC-HEISS, Jacqueline M.C. THOMAS - L'aka, langue bantoue des Pygmées de Mongoumba (R.C.A.). Phonologie, morphologie et syntagmatique nominale.
Paris, SELAF, 350 p., cartes

Bernard SCHEBECK - Phonologie des langues australiennes.
Paris, SELAF, 1975, 850 p. (2 vol.).

Jean-Pierre CAPRILE - Dictionnaire mbay-français et lexique français-mbay (langue sara du sud du Tchad).
Paris, SELAF, 1975, 550 p.

Luc BOUQUIAUX - Dictionnaire Sango (R.C.A.)
Paris, SELAF, 800 p.

Joseph LE SAOUT - Etude descriptive du gbà (Côte-d'Ivoire). Phonétique et phonologie.
Paris, SELAF, 400 p.

Véronika GÖRÖG-KARADY - L'image du Noir et du Blanc dans la littérature orale africaine. Etude. Anthologie.
Paris, SELAF (Tradition Orale), 1976, 400 p.

Frank ALVAREZ-PEREYRE - La fonction populaire du conte en Roumanie.
Paris, SELAF, 400 p.

Jean-Claude RIVIERRE - Grammaire de la langue de Touho (Nouvelle-Calédonie).
Paris, SELAF.

N.B. - Les membres de la SELAF bénéficient d'une remise de 10 % sur le prix des ouvrages de la Collection.

TOUTE CORRESPONDANCE CONCERNANT LES PUBLICATIONS DOIT ETRE ADRESSEE A :

SELAF, 5, rue de Marseille, 75010 PARIS (France) - Tél. 208.47-66

Les adhésions à la "Société d'Etudes Linguistiques et Anthropologiques France" ainsi que les renouvellements d'adhésion sont à envoyer à cette même adresse.

Le règlement des cotisations est à effectuer de préférence par virement postal ou bancaire :

- *soit au compte de la Société :*
  SELAF, n° 40527 C, Crédit Lyonnais, Agence XK 418
  30 Bd. de Magenta, 75010 PARIS.
- *soit au CCP du Crédit Lyonnais :*
  Crédit Lyonnais, Agence XK 418, CCP 947 PARIS.
  en précisant sur le volet de correspondance :
  "Pour le compte n° 40527 C de la SELAF"

Le taux de la cotisation annuelle, qui comprend la réception de la "Bibliothèque de la SELAF", est fixé comme suit, pour l'année 1975 :

- *membres individuels :*
  France et Marché Commun 50 FF.
  Ailleurs 60 FF.
- *bibliothèques, instituts et collectivités :* 100 FF.

Les abonnés qui désireraient obtenir le droit de vote lors de l'Assemblée Générale Ordinaire sont tenus d'acquitter une cotisation dont le montant est fixé pour l'année à : 5 FF.

Pour l'achat de numéros isolés ou de collections de la "Bibliothèque de la SELAF", s'adresser directement au siège de la SELAF, à l'adresse ci-dessus ou aux librairies spécialisées.
Prix du numéro simple : 20 FF,
du numéro double : 40 FF,
du numéro triple : 60 FF.

Les commandes de "Numéros spéciaux" ou de volumes de la "Collection LANGUES ET CIVILISATIONS A TRADITION ORALE" doivent également être adressées au siège de la SELAF.

*
* *

Les manuscrits proposés pour la publication sont à envoyer au Comité de Rédaction à l'adresse de la SELAF ci-dessus. Ils doivent être entièrement dactylographiés en double interligne. Le mode de présentation, la mise en page et les caractères employés étant fonction du procédé de reproduction sont soumis aux décisions de la Rédaction concernant les normes de la Revue ou de la Collection. Les manuscrits non insérés ne sont pas rendus. Le contenu des publications (ouvrages, illustrations, disques) n'engage que la seule responsabilité de leurs auteurs.

Une publication dans la Revue ou dans la Collection de la SELAF ne donne lieu à aucun droits d'auteur. Celui-ci recevra dix exemplaires de son ouvrage ou dix tirés à part de son article dans la Revue. Il pourra se procurer une quinzaine d'exemplaires supplémentaires à tarif réduit.

Comptes rendus : les auteurs désirant faire paraître un compte rendu de leurs publications dans la SELAF sont priés d'en adresser un exemplaire à l'adresse ci-dessus.

INSTRUCTIONS AUX AUTEURS POUR LA REMISE D'UN MANUSCRIT A LA SELAF

(Bibliothèque ou Collection)

---

1. Le NOM et les PRENOMS de l'auteur, son ADRESSE, éventuellement son numéro de TELEPHONE.

2. Le TITRE de l'ouvrage (aussi concis que possible) et un sous-titre (indiquant lorsqu'il s'agit d'une langue, son groupe linguistique et le pays où elle est parlée.)

3. Un SOMMAIRE (têtes de chapitres et grandes subdivisions de chaque chapitre.)

4. Un RESUME de l'ouvrage en 10/15 lignes (maximum)

5. Toutes les illustrations de l'ouvrage (cartes, dessins, schémas, photos) sur papier blanc ou sur calque à part du texte (même si elles doivent figurer dans le texte) avec indication de la localisation souhaitée dans l'ouvrage.

6. Un/des INDEX (sauf pour quelques ouvrages où cela ne s'impose pas) renvoyant aux paragraphes codés (voir plus loin en 9) du texte et non pas aux pages du manuscrit.

7. Une BIBLIOGRAPHIE (complète des ouvrages cités dans le texte) respectant les normes bibliographiques rappelées dans la notice ci-après. Dans le texte et les notes, les références aux ouvrages seront faites de la façon suivante:
   Nom de l'auteur, date, page - Ex: (ABRAHAM, 1962, 78)

8. Une TABLE DES MATIERES détaillée renvoyant aux paragraphes codés (voir ci-dessous en 9) du texte et non aux pages du manuscrit.

9. Un PARAGRAPHAGE CODE du texte, c'est-à-dire une division en paragraphes absolument arbitraire: chaque page du texte doit comporter au moins un numéro de paragraphe, au plus trois. Le numérotage se fait en attribuant à chaque chapitre (y compris Avant-propos, Introduction) un N° de 1 à X et en subdivisant en paragraphes allant de 1 à X à l'intérieur de chaque chapitre. Ex: 1.1, 1.2, 1.3, 1.4, ... 1.12, 1.13, 1.14, ... 1.101, 1.102, 1.103...; 2.1, 2.2, 2.3, ... 2.20, 2.21, 2.23... (cf. N° 27-28, 29, 31 de la Bibliothèque de la SELAF - N° 1 et 3 de la Collection Tradition Orale)

10. Le cas échéant, un ENREGISTREMENT sur bandes magnétiques en 9,5 cm/s ou mieux 19 cm/s de bonne qualité (la Rédaction se réserve le droit de décider, après examen technique, de l'opportunité de la publication sonore)

11. Indication du nombre de TIRES A PART supplémentaires (payants) désiré: l'auteur reçoit gratuitement 10 tirés à part de son ouvrage ou article et peut indiquer à la SELAF 10 noms de personnalités (susceptibles de faire un compte rendu) auxquelles il désire voir adresser l'ouvrage.

INDICATIONS BIBLIOGRAPHIQUES

Les auteurs dont les contributions sont destinées à paraître dans la Bibliothèque de la SELAF ou dans la Collection "Langues et Civilisations à Tradition Orale" sont priés de se conformer aux règles ci-dessous quand ils citent des ouvrages et des articles ou quand ils rédigent leur bibliographie.

I. OUVRAGES

1)

1) Nom de l'auteur en capitales suivi de l'initiale du ou des prénoms,éventuellement entre parenthèses. Virgule;
2) Date d'édition;s'il s'agit d'une réédition,on le signale en notant explicitement,par exemple: 3° édition,ou en mettant en exposant après la date le numéro de l'édition,ainsi 1963^3. Virgule;
3) Titre de l'ouvrage souligné.Virgule;
4) Si l'ouvrage fait partie d'une collection,on cite le titre de la collection,éventuellement entre parenthèses,ainsi que le numéro de l'ouvrage dans la collection.Virgule;
5) Lieu d'édition.Virgule;
6) Nom de l'éditeur.Virgule;
7) Nombre de pages (vérifier s'il n'y a pas de pagination différente en chiffres romains pour la préface).Point.

Exemples

ABRAHAM R.C., 1962,2° édit.,Dictionary of the Hausa Language , Londres, University of London Press, 992 p.
ou ABRAHAM R.C.,1962^2, Dictionary.....

WESTERMANN (D.) - BRYAN (M.A.),1952,The Languages of West Africa,(Handbook of African Languages,Part III),Londres,New-York,Toronto, Published for the International African Institute by the Oxford University Press, 215 p.,1 carte hors-texte.

II. ARTICLES

1) Idem que pour les ouvrages;
2) Idem que pour les ouvrages;
3) Titre de l'article non souligné.Virgule;
4) Lieu d'édition et nom de l'éditeur entre parenthèses.Virgule;
5) Titre de la revue d'où l'article est extrait,souligné.Virgule;
6) Tomaison.Virgule;
7) Pagination de l'article.Point.

Exemples

SASSOON H., 1964,A Burial among the Birom,(Londres),Man,vol. LXIV,1, p. 8-10.

CARTER H.,1964,Some Problems of Double Prefix Distribution in Northern Rhodesian Tonga,(Londres,Macmillan), Journal of African Languages,vol.3, 3, p. 241-251.

Lorsqu'un auteur a publié la même année plusieurs ouvrages ou articles, on les cite successivement par ordre alphabétique(sans tenir compte des articles définis ou indéfinis ni des prépositions),en faisant suivre la date de a,b,c,d,... Cette façon de procéder permet dans le corps de l'ouvrage de se référer à un ouvrage ou à un article sans en mentionner chaque fois le titre.Si j'ai présenté ma bibliographie comme dans les exemples ci-dessous, je pourrai dire,par exemple: "Le problème a été examiné par MARTINET (1965 b p.42) plutôt que "MARTINET,1965,Le mot,Diogène,LI,p.42."

Exemples

MARTINET A.,1960,Eléments de linguistique générale,Coll. A.Colin, n° 349, 224 p.

- 1965 a, La linguistique synchronique,Paris,P.U.F.,248 p.
- 1965 b, Le mot,(Paris), Diogène, LI, p. 39-53.
- 1966 , L'autonomie syntaxique,(Paris),Méthodes de la grammaire, Tradition et Nouveauté, p. 49-59.

Lorsqu'un article ou un ouvrage est publié sans date,on remplace celle-ci par la mention: s.a. (sine anno) ou s.d. (sine die).Si le lieu de l'édition n'est pas indiqué,on le signale par la mention s.l. (sine loco).

III. COMPTES RENDUS

Le titre de l'ouvrage ou de l'article qu'on recense est suivé suivant les mêmes conventions que ci-dessus,mais la date suit le nom de l'éditeur. Après l'indication de la pagination,on fait figurer,si on la connaît, la mention du prix.

Exemple

Paul HELMLINGER,Dictionnaire duala-français suivi d'un lexique français-duala,Coll. Langues et Littératures de l'Afrique Noire,IX,Paris,Klincksieck,1972,XXI-665 p. Prix: 140 F.

INFORMATION

Archives de la littérature orale africaine

La littérature orale africaine suscite aujourd'hui un intérêt de plus en plus vif, non seulement chez les folkloristes, linguistes et ethnologues, mais aussi chez les historiens et les sociologues qui y trouvent des documents indispensables à leur recherche. Mais ces documents sont dispersés et leur consultation souvent difficile. La création, dans le cadre de l'Ecole des Hautes Etudes en Sciences Sociales d'*Archives de la littérature orale africaine* entend répondre à un premier besoin : mettre à la disposition des chercheurs l'ensemble des textes inventoriés, en priorité les articles de revues anciennes, dispersés et souvent peu connus. Tous les genres sont représentés : prose et poésie, mythes, légendes, récits historiques, contes, devinettes, proverbes, chants de louange, etc. ... Le choix des textes s'appuiera au départ sur la bibliographie analytique à laquelle travaille depuis plusieurs années Veronika Görög-Karady, qui doit être prochainement publiée en volume par les soins de la SELAF. Chaque texte sera reproduit sur une feuille séparée ou plusieurs, avec les références nécessaires concernant son origine. Il recevra une cote permettant son identification selon un double classement, alphabétique et géographique.

Par la suite, nous envisageons, notamment pour les contes, l'établissement d'une grille d'analyse aboutissant à un codage thématique, qui permettrait aux chercheurs de repérer les textes selon leur contenu.

Nous faisons appel à tous les africanistes et remercions à l'avance ceux d'entre eux qui voudront bien déposer aux *Archives* un exemplaire de leurs tirés à part. Nous serions également reconnaissants à ceux qui, ayant noté au cours de leurs enquêtes de terrain des textes qu'ils n'ont pas eu l'occasion de publier, voudront bien en autoriser la photocopie. Ces textes inédits ne pourront, bien entendu, être cités ou utilisés par un tiers sans l'accord préalable du déposant.

Toute correspondance doit être adressée à Mme Veronika Görög-Karady, Centre d'Etudes africaines, 20 rue de la Baume, 75008 PARIS.

D. P.